Erasmus Francisci

Christlich-anmutiges Spatzier-Büchlein

Nützliche Betrachtungen, deren sich ein jeder Christ an jedem Ort und Stelle zu

seiner Erbauung erinnern kann

Erasmus Francisci

Christlich-anmutiges Spatzier-Büchlein
Nützliche Betrachtungen, deren sich ein jeder Christ an jedem Ort und Stelle zu seiner Erbauung erinnern kann

ISBN/EAN: 9783743304277

Hergestellt in Europa, USA, Kanada, Australien, Japan

Cover: Foto ©Lupo / pixelio.de

Manufactured and distributed by brebook publishing software
(www.brebook.com)

Erasmus Francisci

Christlich-anmutiges Spatzier-Büchlein

Christlich-anmutiges Spatzier-Büchlein

oder

Nutzliche Betrachtungen/

deren sich ein jeder Christ an
jedem Orth und Stelle/zu seiner Erbauung heilsamlich erinnern kan/mit
Lehrsprüchen der H. Vätter/und unter-
schiedlichen Exempeln belustiget/

und

Im spatzieren verfertiget

von

C. M.

NÜRNBERG/
Gedruckt/ bey Wolff Eber-
hard Felßecker.

An den Cristlichen Leser.

DEr Zweck dieses Büchleins / Wolgeneigter Leser / ist dieser / wann du zuweilen müssig uff einen / zu erfrischung deß Leibs und Gemüts / Spatziergang vorzunemmest / dir mit einer und andern Christ- und Nedlichen Betrachtung unter Wegs / oder wo es der Ort leidet / die Zeit zu kürtzen; auch mit Exempeln vorzuleuchten / mit was Anmerckungen / du bey diesem oder jenem Ort dein Hertz und Gedancken zur Erbaulichkeit der Seelen auffzumuntern habest. Welches damit es desto anmüttiger wäre / man mit manchen Lehrreichen Sprüchen unterschiedlicher alten Vättern und HH. Kirchenlehrer / auch anziehung etlicher Exempel Blumenweiß durchstreuen wollen. Verhoffend / du die Einfalt dieses Tractätleins nicht verschmähen / sondern freundlich außlegen / dir zu Christlicher Ergetzung brauchen / und damit dem Autori Anlaß geben werdest / künfftig ein mehrers / so fern anders der zu dieser Zeit sehr gemeine Betrug deß nachdruckens dem Trucker nur keine Verhinderung hierinnen verursacht / zu verfertigen / und in deinen Diensten fort zufahren. Gehab dich woll.

Register über das Spa-
tzier-Büchlein.

XVIII. Das

I.

Zur Kirchen.

WEnn du an den Ort geheſt / da GOtt ſeines Namens Gedächnis geſtifftet / ſo wiſſe / daß die allerheiligſte Dreyfaltigkeit daſelbſt mit viel Millionen reiner heiliger Engel deiner wartet ; Gedenck darneben an die Vögel unterm Himmel / welche den gefallnen Saamen auffzufreſſen trachten. Wenn ein weltlicher König mir durch ſeinen Redner zuſpräche / solt ich nicht mit unterthäniger Ehrerbietigkeit auffmercken? Wie viel mehr / da der König aller Könige / vor dẽ alle Engel und Ertzengel mit demühtigſter Anbetung knien / die Thronen und Gewalten erzittern / mir durch ſeinen Legaten ſeinen Befehl vorträgt / und unſichtbarlich aber waarhafftig ſelber dabey zugegen iſt? Qui verbum Dei libenter audit,

audit, inaures animæ de patria Paradisi transmissas se suscepisse non dubitet. Augustinus Homil. 26. Tom. 10. Wer gern Gottes Wort hört/ der glaube ungezweiffelt/ daß er köstliche Ohren-Perlen empfangen/ die ihm aus dē Paradeyß gesandt. Darumb ehe du in die Versamlung trittst/ mach vor mit andern Gedancken einen Anstand/ und hüte dich/ daß du Gottes Hauß/ welches ein Bethauß/ mit frembden Einfällen/ Geschwätz uñ lachen nit zu einer Mörder-Gruben deiner oder andern geärgerten Seelen machest/ besondern mit solcher Andacht darinnen wandelst/ damit du selber ein Tempel und Wohnung deß H. Geistes werdest/ und das Liecht deiner Gottesfürcht andre mehr entzünde. So bald du aber wieder heimkommen/ lob und preiß deinen GOtt auffs aller demütigst/ daß Er dich solcher Christlichen Versamlung beyzuwohnen abermals gewürdigt/ und bitte Ihn/ daß der Saame seines Worts auff dem Acker deiner Seelen hundertfältige Frucht in Gedult bringen möge.

 In

II. In eine Predigt.

WEr nur gelehrter discurs und Historien halber zur Predigt kommt/ thut viel närrischer / als einer / welcher auff dem Acker die Korn-Blumen einsamlen/ das liebe Getreid hingegen stehen lassen wolte. Vielen zarten weltlichen Ohren eckelt davor/ wañ der Prediger irgend mit dem gewönlichem formular, die Gnad unsers HErrn JEsu Christi/ 2c. anhebt. Betrübten und zerknirschten Hertzen aber ist es ein lieblich-kühler Thau auff den heissen Brand ihres sündhafften Gewissens. Der Wein deß H. Evangelii schmecke gar lieblich / auch aus irdnen Krügen/ den Seelen / die nach GOtt dürsten. Einen Prediger vor den andern erwehle zeigt ein schwaches Christenthum an. Die Welt will polite / woll disponirte/ ja alamodische Prediger / die viel Rethorischer Blumen und Figuren streuen: Und ihrer viel suchen Ihr hierin zugefallen; führen mehr den Plato-

nem.

nem, Socratem, Ciceronem und Aristotelem, als Christum mit seiner Einfalt im Munde. Et superbiunt sub alis mitissimi Magistri, daß ich mit dem H. Bernhardo rede; Sie stoltzieren unter den Flügeln ihres sanfftmütigsten Meisters. Andre rechtschaffene Lehrer / so sich dem Verstande ihrer Schäfflein bequemen / seind ihres Gedünckens nur vor die Catechismus-Schüler. Aber O deß thörichten Wahns! das ist eben ein geschickter Prediger / der einem Catechismus Schüler verständlich zu predigen weiß. Quid prodest tibi alta de Trinitate disputare, si careas humilitate, unde displiceas Trinitati? Frag ich mit dem Gottseligen Thoma de Kempis. (Thomas, de Imitat. lib. I. c. I.) Was hilfft dirs / viel subtile hohe Reden von Heiliger Dreyfaltigkeit zu führen / wann deiner Hoffart halber die hochgelobte Dreyfaltigkeit Mißgefallen an dir trägt? Nescit amor disponere sagt jener beim Quintiliano in einer Declamation. Liebe weiß von keiner sorgfältigen affectirten Ordnung:

die hertzliche Begier deinen Zuhörer zu erbauen und bessern / soll die disposition und Kunst nicht zum zweck / sondern nur zur Handlangerin brauchen / nicht zur Frauen sondern Magd. Hiemit aber will ich keines weges den faulen und müssigen / das Wort geredt haben. Der bester Prediger ist / der am treulichsten warnet / straffe und tröstet: Der bester Zuhörer / welcher darnach thut.

III.

Zur Beicht.

Etliche Leuthe gehen Entweder gar nit zur Beicht / oder gar selten; und solche stecken in der höchsten Gefahr der Verdamniß: Wie die Krancken am gefährlichsten danieder liegen / welche schier Sinnen- unnd Vernunfftloß umb ihre Kranckheit nichts wissen. Etliche gehen zwar offt genug / mehr aber aus Gewohnheit als Reu ihrer Sünden: Suchen Versöhnung mit GOtt / und bringen doch kein Hertz mit / welches mit

dem

dem Nechsten versöhnet sey. Was aber diese Arth vor eine Vergebung zu hoffen habe / mag sie aus der fünfften Bitte des Vatter unsers selbst urtheilen. In qua pactione si mentimur, totius orationis nullus erit fructus. (Augustinus lib. 2. de Serm. Dom. in monte) Wir machen ja dasselbst mit GOtt einen contract, daß Er uns vergeben woll / wie wir vergeben; so wir nun in diesem contract liegen / spricht Augustinus, wird das gantze Vatter unser ohne Frucht und Nutzen seyn. Also folgends auch die Beicht und Absolution. Etliche tragen zwar kein feindseliges Hertz mit zum Beichtstuhl / bereuen etlicher massen ihre Laster / glauben auch daß Christus vor ihre Sünde gestorben; aber doch nicht so ernstlich / daß sie den wissentlichē Sünden gäntzlich in der That abzusagen gedencken / vermittels eines vesten Vorsatzes ihr Leben zu bessern; Besondern leben nach wie vor in gleicher Uppigkeit / Geitz / Frevel und Unrecht; der verwegenen Kühnheit und Hoffnung / sie können noch zeitig gnug die würckliche Besserung biß zu einer

 ande-

andern Beicht sparen. Solchen fruchtet die Beicht eben so woll weniger dann nichts. Wer aber aus einem Sünder gerecht / aus einem falschen ein waarer Christ werden will / muß vor allen Dingen erst in den Spiegel Göttlichen Gesetzes und der HH. zehn Gebotten schauen / sein Gewissen auffwecken erforschen / und daraus erlernen / daß Er in der Warheit was in seinem Busem trage / welches herzlich zu bereuen / und der ewigen Verdamniß werth sey. Er muß / wie S. Bernhard vermanet / mit der bußfertigen Marien Magdalenen dem HErrn Christo beede Füsse küssen: Erstlich den Fuß deß Gerichtes / daß er vor der Sünde und ihrem Lohn / nemlich der Höllen / erschrecke: Jedoch dabey nicht biß zur Verzweiffiung sich auffhalten / sondern bald darauff mit einem liebreichen Glaubens-Kuß den Fuß seiner Barmherzigkeit umfangen / und mit Thränen vermischter Reu und Liebe nezen. Hernach soll er zum Beicht-Stuhl tretten / begleitet mit gewissem Vorsaz / ein neues Leben und rechtschaffene Früchte der Busse anzufangen. Kurtz: also soll er jedesmahl zur Beicht gehen / als gieng er eines vor allemahl / ja nicht gedencken / was dißmahl bleibt / wird wol auff einanders mahl vergeben / oder GOTT hat mirs einmahl vergeben / drum wird ers noch woll eins vergeben / ob ichs gleich wieder versörbe. Nemo idcirco deterior sit, quia Deus melior est, toties delinquendo, quoties ignoscitur. (Tertullianus de pœnitentia.) Niemand sey darum ärger / weil GOtt besser und gütiger ist / er wags ja nicht so offt drauff zu sündigen / als ihm die Sünde etwan möchte vergeben werden. Wer versichert dich / wann du heut wissentlich sündigest / du werdest Morgen oder Ubermorgen leben / und die Vergebung wieder erlangen? Ein jede Sünde thut einen Hieb an den Baum deines Lebens; wann er fallen werde / ist ungewiß / daß er aber liegen werde / wie er fällt / ist gantz gewiß. Wilt du dann auch wissen / wohin er falle / so rath ich mit dem H. Bernhardo / gib acht auff seine Zweige / wo diese am häuffig- und dicksten hinüber hencken /

dahin

„dahin wird er fallen / so er anders bey „solcher Beschaffenheit wird umgehauen. Unsere Begierden aber seind „dergleichen Zweig und Aeste / die sich „gegen Mittag strecken / so sie Geistlich; „gegen Mitternacht / so sie fleischlich „seind. (Bernhardus 49. parv. Serm.) Bedenck / daß wie eben der fromme Lehrer redet / kein todter Hund so hefftig den Menschen / als die Sünde Gott zustincket; befleissige dich demnach in Christo zu seyn ein guter Geruch: Und sorge ja nimmer darvor / daß GOtt nicht gnug Sünde noch täglich dir zuverzeihen habe / wann du gleich am frömmesten lebst.

Warnungs Lied.

In der weise.

Es spricht der unweise Mund wol 2c.

I.

Es ist nicht gnug daß jemand sich
ein Sünden-Kind erkennet /
und bleibet gleichwol freventlich
von Lastern ungetrennet.
Denn ob es gleich ein wahres Wort
das Christus ist der Sünder Hort /
und ihren Artzt sich nennet:

2. So

So meint Er solche Sünder doch/
die in der Zeit der Gnaden
mit Thränen ihrer Schulden Joch
ihm auff die Schultern laden.
Es heist zwar; kommt/ ich bin bereit/
doch euch/ die ihr gekräncket seid/
zu heilen euren Schaden.

3.

Denn wer auff Gnade böses thut
und sündigt auff die Güte/
mißbraucht daß theure Lösungs-Blut
und findet Zorn und Wüte.
Ein' Artzeney ist nicht dafür/
daß du mit Gifft Muthwillig dir
verderbest das Geblüte.

4.

Der Glaub' ist keine Kühnheit nicht
die Ruchloß Wesen übet/
besondern eine Zuversicht
so Reu und Demuth liebet/
von GOtt stets ihre Stärcke sucht
mit flehen/ und durch gute Frucht
sich zu erkennen giebet.

5.

Drum harre ja nicht/ biß der Tod
schon komm' heran getreten:
Es ist gefährlich/ in der Noth
erst lernen wollen beten.
Nim dir vor Träg- und Sicherheit
vielmehr Gebet und Wachsamkeit
zu deines Glaubens Nähten.

6. Ach

Ach Jesu lehr uns deine Huld
und Gnade recht erkennen/
laß wachsam/ brauchstu gleich Gedult/
dir unsre Lampen brennen!
dein Oel erhalt uns ihren Schein/
daß keine Nacht/ wenn du herein
brichst / dich und uns mag trennen.

IV. Zum Nachtmal.

DIe Weißheit rufft in den Sprüchen Salomonis Kompt zehret von meinem Brod/ und trincket deß Weins/ den ich schencke. Proverb. 9. Diese Mahlzeit der Weißheit hat zwar mancherley treffliche Trachten und köstliche Tractamenten; aber keine kostbarlichere noch theurere/ weder das edle Manna / so sie uns vom Himmel regnen/ und den Safft/ welchen sie von dem rechten Weinstock Jesu Christo / zur Erlabung unsrer Seelen lassen pressen. Hierzu werden wir täglich von Ihr geladen/ und zwar umbsonst ohne Geld. Wo ist doch jemahls was köstlich/ das wollfeyler gewest/ oder wollfeil / welches köstlicher? Die Welt hergegen reicht den Thoren ihre Drachen-Brüste/ daraus nichts als lauter

Gifft und Milch deß Todes gesogen wird; findet aber leider mehr Säugling Trincker und Gäste / als die gütige Weißheit GOttes bey ihrem angebottenem Abentmahl. Wann dieses nur an einem Ort in der gantzen Welt gereichet würde / mit was Verlangen würden nicht alle Menschen dahin eilen / bey der celebrirung solches hochheiligen Sacraments gegenwertig zu seyn: Nun aber gibt es der liebreiche Heiland zu geniessen an allen Orten und Enden / da sein Wort schallet; und wir seyn so kalt und schläffrig / dahin zutreten / da der Heiland sich selbst leiblich offerirt und darbeut! O der Verstockten Blindheit! O der verfluchten Unarth und Ruchlosigkeit! Wann Antonius und Cleopatra, oder Artaxerxes banquetirten / wann ein König von Franckreich Beylager hielte; so trünge alle Welt hinzu / und liesse sich mit keinen Prügeln davon abtreiben: Hie da der Fürst deß Lebens sein Geistliches Beylager mit unsren Seelen hält / und eine Mahlzeit spendire / die mehr als Hiñel und Erden werth / da er niemand

ab-

ab-sondern vielmehr zutreibt / immer darzu freundlich einladen läst und spricht kompt / kompt her zu mir / ec. Da kommen wir entweder gar selten / oder daß wir nur die Weise begehen / tragen wenig Verlangens / geringen Hunger und Durst mit uns! Die Naturkündiger schreiben / daß den wilden Thieren kein Blut süsser als vom Menschen sey: damit ermuntert sich der Andächtige S. Bernhard und spricht: Die un„vernünfftigen Bestien dursten nach „Menschē Blut / uñ mich solte nit dür„sten nach dem Blut deß Menschen „Sohns / deß HErrn Jesu Christi? (Bernhardus De Pass. Dom. c. 33.) Wie soll ich aber einen appetit oder Hunger zu dieser köstlichen Mahlzeit bekommen? Vor allen Dingen muß GOtt darumb angeflehet / uñ mit obangezogenem Kirchen Lehrer geseufftzet seyn: Da mihi Domine arrham hæreditatis futuræ, saltem guttam cœlestis pluviæ, quâ refrigerem sitim meam. (Idem de Scala Claustral.) Gib mir O HErr einen Pfandschilling der künfftigen Erbschafft / nur ein Tröpfflein deß Him-

Himmlischen Regens / damit ich meinen Durst kühle. Daß ist / gib mir Thränen der Busse und Liebe / ohn welche man bey deß HErrn Tisch nichts nutz ist. Zum andern soll ein Mensch fein in sich selbsten gehen / in seinen Busem greiffen / die darin ruhende Laster auffwecken / sie in Gedancken an das schärfste Göttliche Gericht führen / also den Schlaff aus den Augen wischen / damit der Glaube dem Gnadenreichen Kreutz Christi zuelle / und die Liebe diesen daran für uns genagelten Leib / diß daran vergossene heilige Blut / zu geniessen brünstig werde. Warzu nicht wenig dienlich die Betrachtung / daß diß kein Figur kein Zeichen / sondern der warhaffte Leib Christi sey / davon unsere Leiber zur Hoffnung künfftiger Unsterblichkeit ernehret und erhalten werden wie Irenæus lib. 4. c. 33. davon schreibt / und der Glaube auff Christi Verdienst versiegelt. Cruci hæremus, sanguinem sugimus, & intra ipsa Redemptoris nostri vulnera figimus linguam. (Cyprianus de cœna Domini.) Wir hangen am Creutze / saugen das

das Blut Christi/ und stecken mitten in die Wunden deß Heilands unsere Zungen. Es empfängt zwar auch ein Gottloser unbereiteter Gast diesen H. Leib und Blut; aber zum Geruch deß Todes zum Tode. Was ist das gesagt? Gleich wie den Glaubigen/ verträglichen und sanfftmühtigen solche Speise ein Geruch deß Lebens zum Leben/ das ist/ eine innerliche Freude deß Geistes/ ein Pfand und Verschreibung der Seeligkeit/ auch künfftig am jüngsten Tag das Zeugniß eines guten Gewissens ist; Also wird der Mißbrauch oder die Unwürdigkeit bey dieser hohen Tafel/ den Verkehrten zu einer ferneren Verstockung ihrer Seelen/ auch nachmahls/ wañ das Gewissen zu bellen anhebt/ ein Geruch deß Todes/ das ist/ eine Uberweisung/ daß sie die Gnade GOttes auffs äusserste vernichtet und mißbrauchet haben. Sonderlich aber wann der Leib deß HErren am letzten Gericht das Angesicht der Frommen mit seiner triumphirenden Gestalt unaussprechlich erfrölligen/ wird Er den Gottlosen ein erschröcklicher Geruch

zur

zur ewigen Verdamniß / ein Uberweisung und Zeugniß ihres ruchlosen verkehrten Wesens werden / und wieder ihr verzagtes Gewissen erschrecklich donneren. Man hat Exempel / daß GOtt die vermessene ungeschickte Gäste offt auch allhier zeitlich auff der Stelle gestrafft. Gregorius magnus erzehlt in seinen Dialogis, daß einer / so in Hurerey lebte / sich unterstanden wieder sein Gewissen zur Communion zukommen / und bald darauff vom bösen Geist besessen worden. In Curland hat ein Handwercker / welcher viel böser Thaten vor dem verrichten helffen / endlich abgelassen / und zum H. Nachtmal gehen wollen; ist aber in der Kirchen blind worden / daß er den Altar nicht finden können; welches ihn zu erkeñen verursacht / daß er noch zur Zeit unwürdig / seine verübte Mißhandlungen vor ernstlich bereuen / und Busse thun muste. Wie solches ein Zeitlang von ihm beschehen / bekam er sein Gesicht wieder / und tratt mit besserer Vorbereitung zum Tisch deß HErren. Darum prüfe ein jeglicher / und bereite sich durch Buß und

Glau-

Glaubet; alsdenn wird ihm dieses Manna eine Seelen gedeyliche Speise/ und dieser Kelch ein Brunn seyn/ der in das ewige Leben quillet.

V. Auff dem Kirchhoff.

Keyser Domitian ließ den Rath der Stadt Rom eins eilich zusammen ruffen/ und darauff in ein gewölbtes Gemach führen/ welches geschickter für die Todten/ als lebendigen zu seyn schiene: So gar traurig war alles schwartz überzogen. In der mitten stunden viel Todten Kasten/ darin die Asch der verbranten Leichnam/ ringes herum viel Liechter/ dazu ein hauffen Büttel und Henckers-Knechte. Der gantze Rath nam es vor ein Siñ-Bild seines vorhandenē Tods auff. Der Keyser selbst tratt in einem schwartzen Leid-Mantel hervor/ und thät eine Rede von Verachtung deß Todes. Nach dem Er aber ihrer weidlich mit seinen Hoffschrantzen etliche Stunden gespottet/ lies man sie wider gehen/ und von dem Schrecken deß Todes sich wieder erholen. GOtt der allerwei-

seste

feste Regeni lässt uns Menschen nicht/ wie dieser Tyrann/ zum Gelächter oder Fastnacht Spiel / sondern in rechtem Ernst/ zu heilsamer Betrachtung/ offt auff den Gottes Acker laden und beruffen. Dann wie viel Gräber / soviel Bücher lehren mich dort / was Ubels uns der Satan durch die Sünde angerichtet. Da frag ich dann mit dem Christlichen Poeten Prudentio:

Quidnam sibi saxa cavata,

Quid pulchra volunt monumenta?

Der Augenschein aber antwort mir: Daß sie eine Niderlag und Beschluß alles Weltlichen Prachts und Eitelkeit seyen / danebenst ein stummredendes Gezeugnus künfftiger Aufferstehung etlicher zum ewigen Leben / etlicher aber zur ewigen Schmach und Schande. Komm' ich zu eines armen Mannes Grab/ der dennoch selig abgeschieden; so bedenck ich den überaus glücklichen Tausch / welchen er im Tode getroffen/ un erfreue mich sampt ihm der seligen Hoffnung / daß seine Gebeine grünen sollen wie das Graß. Läst sich eines rei-

B chen

eines Geizhalses oder Wollüstlers Leich-Stein schauen; wird meinen Gedancken mit lebendigen Farben die flüchtige Nichtigkeit seines Lebens vorgemahlt. Ich lauffe zurück in die Zeit seiner vorigen Herrligkeit/ und befinde in der That/ daß er/ laut H. Schrifft/ nichts mitgenommen/ von allem/ was er gehabt. Ist er ein Reicher gewest; wo ist jetzt sein Gold? Ein lustiges Weltkind; wo seine Freud und Sältenspiel? Ein Fürst; wo seine Diener und Hoff-Leute? Seinen Titul und Nahmen sieht man etwan mit güldnen Littern an einem Grabmal verzeichnet/ oder in einen Stein gegraben; Gott weiß/ wo er sonst im Buch deß Lebens oder der Verdamniß geschrieben steht. Von seiner Substantz und Cörper seh ich nichts/ begehr es auch nicht; dann sölte man das Grab öffnen/ würde nichts/ als ein übelriechendes Gerypp/ und etliche wildverwirrete lang verwachsene Haare/ deren sich etwan eine Otter zum Nest gebraucht/ sampt einer Menge Würmer und Kröten anzutreffen seyn.

Sol-

Welches alles halte ich meiner Ver-
nunfft vor/ und befrage sie/ ob nicht alle diese sich eben das/ ja wol mehrers ein-gebildet/ wider meine thörichte Sinnen?

Wo sind sie/ die vor hundert Jahren
Gelebt in Pracht und Uppigkeit?
Die Schlangen nisteln in den Haa-
ren/
Den nackten Riebē scheußliches Kleid
Sind Motten; ihre Seele sitzt
In dicker Finsterniß und schwitzt.

VI.

Ans Beinhaus.

NEulich spatziert ich ein Beinhauß vorüber/ als mein Gefährt mich still-zustehen bate/ fragend: Ob nicht unter diesen todten Beinen irgend wol eines Obersten/ oder vornehmen Mannes/ Hirn-Schal seyn dörffte. Ich antwortete: Gar wol; dann es stehet nicht darauff geschrieben / ob sie schön oder häßlich/ klug oder närrisch/ tapffer oder nig / reich oder arm / Fürst oder Unterthan / HErr oder Knecht gewest; GOtt weiß es / und die Engel / welche auch die Asche unserer Gebeine / ja das geringste Stäublein davon kennen. Ich erzehle darbey / wie einsmahls unterschiedliche kleine Bein-Splitterlein aus gewissen Begräbnissen auffgehoben / und von einem besessenem Menschen alle die seinigen genandt worden / welchen sie zugehörten / da selbige doch vor vielen langen Jahren begraben waren. So nun ein böser Engel solches gewust / wie viel mehr wird der allwissende Gott die Müntze / drauff sein Bildniß gestanden / kennen und unverloren seyn lassen. Es ist gewiß / fuhr mein Camerad weiter fort / daß diß die besten Lectiones seind / daraus wir die liebe Demuth und Absterbung der Welt studieren mögen. O daß alle Tyrannen / Stoltze / Ehrgeitzige / Uppige / herbey trätten / die Form und Grund ihrer Glückseeligkeit allhie zu spiegelen. Kompt her ihr Spieler / und beschauet dieses Schachspiel deß Menschlichen

dem Leben / so da zeitwehrenden Spiels
der eine König / der ander Baur gewesen; nach vollendung aber dessen alle
in einen hauffen geworffen und beyge-
setzt werden. Ach Gott vor wem brüstet
sich der Mensch? Vor GOtt? Der
lacht seiner im Himmel / und achtet keinen / als der sich selbst verachtet. Vor
Menschen? Die sind heute roth morgen
todt / und werden selbe nach mit dir einer-
ley übel riechende Matery / Asch und
Erden: Oder so sie dich überleben / spotten sie deiner desto mehr / je höher du hast
wollen geehret seyn. Alexander flog bey
seinem Leben mit eitlem Ruhm durch
alle Welt / mit Verachtung aber nach
seinem Tode durch den Mund der Weisen /
die seinen todten Cörper begleiteten.
Der Herr Vatter Philippus fiel
einsmals unversehens zur Erden / und nach
dem er den Umschweiff seiner kurzen Statur
auff der Erden abgedruckt beschauet /
fuhr er mit Verwunderung herauß
und rieff: O wie ein geringer und enger
Platz umfängt uns / die wir doch in so
weiten Ländern nicht Raums gnug zu
haben vermeinen!

Diß wäre vielleicht auch füglich von einem und andern dieser todten Köpffen zu sagen. Damit nam er einen / so ihm am nechsten lag / in die Hand / sprechend: Dieses mag wol eines vornehmen Manns Haupt seyn / der vor diesem irgend in einem schön außgeraumen Pallast gewohnet / und voller Ehrgeitz gewest; jetzo aber in einem engen Winckel oder Todtenkasten behalten muß.

Saget mir aber ihr hochvernünfftige Weltweisen / ihr kündiger der Natur / wie wirds zugehen / daß diese dürre Knochen wieder mit Haut / Fleisch und Adern soll überzogen / und von neuem beseelet werden? Wie gienge es zu / gäbe ich zur antwort / als aus nichts alles ward / was da ist? wie geschichts / daß die Blumen deß Winters schwinden / im Lentzen wieder herbey kommen? Ex te ipso crede futurum te esse, cum fueris, quando cum antè non fueris, nunc esse te vides (Augustinus de Catechiz. Rudib.) An dir selbsten magst du glauben / daß du wieder seyn werdest / wann du

gestorben

gesehen / in Betrachtung / daß du niemahls in der Welt gäntzlich nicht gewesen / und doch anjetzo bist. Es wird heissen: Ihr verdorrten Todten-Bein / hört deß HErren Wort! Das Wort deß HErren ist der Meister / der dieses alles machen wird. Wie aber gar wunderbar und herrlich muß dem Propheten solches vorkommen seyn / da er ein gantzes Feld voller Todtenbeinen im Gesicht geschauet / die auff seine Weissagung das Wort deß HErren alsobald gehöret / sich geregt / auffgestanden / und zu einem gantzen lebendigen Heer worden! Aber was düncket dich / wird es nicht weit herrlicher / und frölicher von Ansehen seyn / wann nicht nur diese / sondern aller Welt Gebeine lebendig / und alle Menschen mit ihren eigenen Leibern aufferstehen werden?

Nun möchtest du aber wissen / fragte er mich / weil wir sollen mit unsern eigenen Leibern aufferstehen / ob wir denn auch eigentlich in dem Alter / Grösse oder Länge erscheinen werden / darinnen

wir abgeschieden von der Welt. Es soll
dir / antwortete ich / ein statt welcher der
H. Ambrosius hievon Bericht geben.
Dieser schreibt lib. de Fide Resur-
rectionis also: Last uns ein Exempel
,,nemmen eines Kindleins / wenn solches
,,ein Knabe / aus dem Knaben ein Jüng-
,,ling / aus dem Jüngling ein Mann
,,aus dem Mann ein Alter worden / so
,,vergeht der Mensch nicht / sondern
,,bleibt allezeit derselbe / der er gewest.
,,Die Jahr und das Alter gehn nach-
,,einander / nicht aber die Natur. In
,,jenem Himmlischen Jerusalem aber
,,da Sonn und Mond siebenfaltig
,,werden scheinen / wird man keinen Un-
,,terscheid deß Alters wissen: Es wird
,,aber kein Kind oder Alter noch kleiner
,,seyn / der seine Täge nit erfüllen werde /
,,als ein Sohn der Aufferstehung / und
,,zu der Masse der Fülle Christi gelan-
,,gen. Der gestalt daß keinem einige Jahr
,,mangeln oder übrig seyn werde. Weil
,,wenn nun zu der Zeit alle gleiches Al-
,,ters / werden die Frommen und Sün-
,,der nur in so weit gleicher Aufferste-

"hung vollkommen seyn/ und weder an "Zeit noch Alter unterschieden: aber je"ne/ ewige hundertfältige Belohnun"gen zu empfangen; diese hergegen ewi"ge Straffen. Bißhieher Ambrosius. Welcher bald hernach von vollen kommener Aufferstehung aller unserer Glieder/ auch allerdings eines jeglichen Härleins also schleust: Wenn GOtt in dem zeitlichen Feuer/ das doch alles verzehrt/ was es bekömmt/ den dreyen Knaben im feurigen Ofen ihre Haar unversehrt hat können erhalten/ solte er denn nicht in der Aufferstehung unsre Haar mit wieder können aufferwecken?

Ach möchte geflügelt nur kommen
Die frölich Hoffnung der Fromen/
Die Stimme: gib Erde/ die Glieder
Der Todten/ gib alle herwieder!
Dann wirstu den Englischen Schaaren
Sampt jeglichen Adern und Haaren
Sie alle vollkömlich zu zehlen:
Kein Nagel vom Finger wird fehlen.

Da wird alles Fleisch herfür kommen/ nicht allein von der Erden/ sondern auch aus dem Meer und Flüssen/ daß es sehe daß Heil Gottes: Denn Er wird den Fischen/ Flüssen/ den wilden Thieren/ dem Gevögel deß Himmels/ den Adlern und Raben gebieten: so werden sie wieder außspeyen das Gebeine und Fleisch der Todten/ damit es aufferstehe/ etlicher zum ewigen Leben/ etlicher aber zur ewigen Schmach und Schande. Wer dergestalt offt unter den Todten wandelt/ und das Beinhauß/ da die besten Emblemata oder Sinn-Bilder unserer Sterblichkeit stehen/ vielmals betrachtet/ der wird künfftig das rechte Leben haben. Ich kan nicht unterlassen hinbey zu fügen ein Lied/ welches ich vor diesem von der Aufferstehung geschrieben.

Lied.

In der Melodey.
Der Herr ist mein getreuer Hirt.

1.

SChweig unvernünfftige Vernunfft/
Hör auff uns angst zu machen/

Als werde die verfaulte Zunffte
Nicht wieder aufferwachen.
Was du hier siehst so ungestalt/
So stinckend/ Athem-loß und kalt/
Und zarter Augen-Greuel;

2.

Soll künfftig wieder aufferstehn/
Soll neu belebet werden.
Wie/ aber/ sprichst du/ kan das gehn?
Was in der schwartzen Erden
Verfault/ von Würmern auffgezehrt/
Kan schöner das heil und verklärt
Beysammen wieder stehen?

3.

Wird das Gebein/ samt dem Staub/
Legt manchen unbegraben
Das Recht nicht hin vor einen Raub
Den Adlern und den Raben?
Was so verwest in Lufft und Grufft/
Wird solches/ wenn der Höchste rufft:
Steht auff! auch wiederkommen?

4.

Der Glaube/ welcher unser Sieg/
Muß ja der Thorheit lachen/
Und läst durch solchen Klügel-Krieg
Sich gantz nicht irrig machen.
Wer hat diß alles denn gebracht/
Was anfangs lag in tieffer Nacht
Deß lären Nichts vergraben?

5.

Wer schueff den schön gestirnten Kreyß/
Lufft/ Feuer/ Wasser/ Erde?

Es kostete ja s[illegible]
Nur dieses Wörtlein: Werde!
Durch Werden ward es/ was da ist/
Und überkam gemeßne Frist
Von dem/ der ungemessen.

6.

Durch dieses Werde geht das Licht
Der Sonnen auff und nieder:
Diß Werde ziert das Angesicht
Der Erden jährlich wieder
Mit Blumen: Dieses Werdens Krafft
Erfrischt den Baum mit Laub und Safft/
Beobstet seine Zweigen.

7.

Der uns in einem eingen Hauch
Bließ aus der roten Erden/
Der kan mit gleichen Athem auch
Uns wieder heissen werden.
Und Der die Erde wieder schmückt/
Wird meinen Leib in Staub gedrückt
Nicht ewig lassen liegen.

8.

Ich gläube/ HErr/ du kanst/ und wirst;
Mich wieder aufferwecken;
Gib nur/ daß ich/ O Lebens-Fürst/
Erscheinen mag ohn Schrecken/
Wenn du mir ruffst: und fein getrost/
Mit deiner Wunden Trauben-Most
Besprenget/ vor dir stehe.

9.

Zu solchem Ende laß uns vor
Von Sünden aufferstehen/

daß

Daß wir alsdenn zu deinem Thor
Deß Friedens mit dir gehen/
Mit dir/ der seiner Christen Tod
Verschlungen hat/ ohn Sterbens-Noth
In jener Welt zu leben.

VII.

Im vorüber gehen einer lautenden Glocken.

DEr verblichene Schwedische König Carl Gustav hat im Polnischen Krieg eine überaus grosse Paucke bey sich geführt/ die man auff vier Meilen hören könnē/ wie etliche wollen: Auff daß/ wenn irgend eine Parthey sich etwas verirren/ Sie wisse/ wohin sie folgen solte. Eine solche Kriegspaucke deß Höchsten Königs sind die Glocken/ so den verirrten und ruchlosen Sündern zur Wiederkehr ruffen. Darumb/ so bald die Glocke lautet/ bedüncket mich/ ich höre eine Trompet oder Posaunen/ die mich zu Pferde sitzen heist/ und wieder die Sünde Todt Teuffel/ ja wieder mich selbst/ in den Harnisch der Buß und Glaubens ruffe. Manchesmahl werd

ich vor Verwunderung gleichsam ent-
zückt / und voller Freuden / daß GOtt
mir und der gantzen Welt so Herr-
und offenbarlich diese im alten Testa-
ment verheissene Versamlung zu seinem Reich / und Beruff der Heiden allerdings auch / durch dieses aller Orten
lautende Metall läst in den Ohren erklingen. Ein jeder Schlag dünckt mir
sprechen: Kom kom Kom kom!

Das Glöcklein der Sicilischen Ve-
sper brach auff einen Tag manchem den
Hals. So ist bekandt / was König Pe-
trus in Arragonien vor eine grosse Glocke erklingen lassen. Denn
als ihn die Reichs-Stände anfangs
vor einfältig hielten / und seiner
spotteten / auch endlich gar mit einer
heimlichen Conspiration wider ihn
schwanger giengen / bedachte sich die Kö-
nigliche Majestät geschwinde auff folgendes Mittel. Er verschrieb alle
Reichs- und Regierungs-Räthe nach
Hofe / fürwendend / wie er eine Glocke
wolte lassen giessen / deren Klang man
im gantzen Arragonien hören möchte;
darin sie solten von ihm consulirt werden.

... Keiner blieb aus/ ein jeder verlangte den albernen Anschlag anzuhören/ und ferner/ nach Gewonheit/ zu lachen. So bald sie beyeinander/ ließ er einen nach dem andern hinrichten/ ihre todte Körper offentlich auff Stangen erheben/ und also allen Unterthanen diesen blutigen Klang/ zur Vermahnung deß Gehorsams/ erschallen! Die Glocken Christlicher Kirchen/ haben eine glückseligere Meinung/ sintemal denen sich einstellenden zum ewigen Leben; den ausbleibenden aber nur zum ewigen Tod. Wie viel Ohren hörten diesen heilsamen Klang gerne wider noch eins! die aber ohne alle fernere Hoffnung in der Hölle begraben liegen. Betrachte/ spricht S. Bernhardus; wie viel anjetzo sterben: Welchen wann diese jetzige [illegible] vergönnet würde Busse zuthun/ die dir annoch verstattet ist/ ach wie würden sie so eylfertig umb die Altäre lauffen/ daselbst mit gebogenen Knien/ ja mit dem gantzen Leib auff der Erden liegend/ so lange seufftzen/ weinen und beten/ biß sie völlige Vergebung der

Sün-

Süssigkeiten von GOtt erlangen solten. (Bernhardus de interiori Domo c.63) Aus solcher Betrachtung nehm' ich Anlaß und Antrieb / in mich selbsten zu gehen / und höchlich GOtt zu dancken / daß er mir dieses Geläut zur Buß annoch hören last: Bitte und seuffze drauff zu ihm demütig: Bekehre du mich HErr / so werd ich bekehrt. Und weil mein Herr JEsus auch durch diese Glock / das Venite ad me omnes &c. Kompt her zu mir alle ꝛc. bey mir anstimmt; antwort ich ihm mit dem H. Ambrosio: Sequimur te Domine Jesu, sed ut sequamur, accersi, quia sine te nullus adscendit. (Ambrosius de bono mortis.) Wir wollen folgen mein HErr JEsu / aber damit wir folgen / ruff du uns / weil ohn dich und den Zug deines Vatters niemand hinauff kompt.

Lied.

In der Melodey.

Ich ruff zu dir HErr Jesu Christ.

1.

Du streckst ja Jesu / süsser Schatz /
Die Händ aus mit Verlangen /

An

An deinem bleichen Schedel-Platz/
Uns Sünder zu umfangen;
Dich plagt der Durst nach unserm Heil/
Und dennoch so vergessen
Gar vermessen
Wir deiner / ziehn am Seil
Der Boßheit unterdessen.

Ach HErr! wer überleget das/
Wie theur du uns erlöset?
Wir freveln fort ohn unterlaß/
Seind gantz und gar verböset.
Du tritst uns zeigst die Enge Bahn/
Du zeigst uns deine Wunden
Alle Stunden:
Wir sehn sie kaum einmahl;
[illegible]

3.

Die Hirsche machen sich gesund/
Mit eilen nach den Quellen:
Wir/ die so tödlich sind verwundt
Von Schlangen aus der Höllen/
Versaumen uns in sicherm Muth/
Den grossen Seelen-Schaden
Abzubaden
In deinem reinem Blut/
Beym Brunnen aller Gnaden.

4.

Erlöser thu uns Armen auff
Die Augen sampt den Hertzen/
Und richte sie nach deinem Lauff/
Damit wir nicht verschertzen

Dich

Dich über dieser Eitelkeit
Laß uns dich waares Wesen
Auserlesen/
Für Schatten dieser Zeit/
Und durch dein Wort genesen.

VIII.

Zu Gevattern.

WEnn ich gut spreche in weltlichen Rechtshändeln vor einem andern/ muß ich warlich gute Achtung auff mich und den/ vor dem ich gelobet/ geben: Wie viel mehr soll ich mit Christlichem Wundsch/ seufftzen/ und Gebet wachen und flehen zu Gott/ wann man mich zum Gevattern gewöhnet/ und ich dem HErrn Christo vor meinen Tauffpaten geloben soll/ daß dieser ihm treu und fleissig dienen wolle/ wie nicht weniger die Zeit meines Lebens/ selbigen Tauffpaten dahin mit Bitt und Ermahnen antreiben/ daß er meine vor ihm/ dem HErrn Christo gethane Versprechung nicht lasse zu Wasser werden? Aber zu beklagē ist es/ daß der heutige Welt Gevatterschafft [illegible] darauff zielet/

wie man sich mit einander befreundē/ als mit unserm Herren Gott; mehr zur zeitlichen Beförderung/ als zum wahren Christenthum; mehr Gedancken auff die folgende Gasterey/ als [illegible] Handel/ die Tauffe selbsten [illegible]. Tantam ne rem tam negligenter agere?

So offt wir aber sehen ein Kind tauffen/ sind wir alle schuldig [illegible]

[illegible]

[illegible] Gnadenwahl [illegible] zu eröffen und [illegible] erfreuen.

[illegible]

Zur Leiche.

ES verwundert mich fast sehr/ daß wir schier täglich andere also hin zu Grabe beleiten/ als wären die allein gestorben/ und dergestalt von der Begräbniß wieder heim zu unserer Eitelkeit eilen/ gleich solten wir hie ewig leben; da uns allen doch nichts gewissers als der Tod/ hergegen nichts ungewissers/ denn dessen Stunde. Wann du demnach zur Leiche gebeten wirst/ so deute solches nicht anders/ als daß dir von Gott eine Erinnerung zur Betrachtung deiner Sterblichkeit [illegible] [illegible] anderen [illegible] bey der Warnung Gottes. Solches nam der Heldenmütige König Gustav zu [illegible] [illegible]: Drum als ein Marckgraf von Durlach vor Ingolstadt [illegible] Seiten ward [illegible] fing er seine Rede zu dem umstehenden Kriegsobersten also an: Diese rauchende Kugel / und deß Durchleuchtigen Marckgrafen von Durlach plötz-

licher

licher Tod/erinnert mich meiner Sterblichkeit: rc. Solche Erwegung ist der Kern und Nutz der Leichbegängnissen: Dann die Anschauung äusserlichen gepränges frommet gar wenig. Christ-und ehrliche Ceremonien/ als welche schon in der ersten Kirchen bräuchlich gewesen/ wie aus dem Hymno Prudentii in exequiis Defunctorum, und anderen/ zu sehen/ sollen niemand zu wieder seyn: Ubermuth aber und Hoffart zu treiben/ wann die Barmhertzigkeit am höchsten nöthig thut/ ist ja die äusserste Thorheit. Wann ein frommer Christ einen weltlichen Prachthansen mit so übermässigem Pomp dahin tragen siehet/ bejammert er billich deß Verstorbenen/ da derselbe es also angeordnet/ als der hinterbliebenen thörichte Hoffart/ und lebendigen Tod in Sünden. Es fallen mir offt die Wort deß heiligen Augustini drüber ein: Præclaras exequias in conspectu hominum purpurato illi diviti turba exhibuit famulorum: sed multo clariores in conspectu Domini ulceroso illi pauperi

peri ministerium præbuit Angelorum, qui eum non extulerunt in marmoreum tumulum, sed in Abrahæ sinum sustulerunt. (Augustinus de cura pro mort.) Die Menge der Diener „machte dem in Purpur vormals ge„kleideten reichen Mann eine herrliche „Leichbegängniß vor den Menschen. „Aber dem Armen mit Schwären be„hafftetem Bettler ward in den Augen „GOTTes von den Engeln eine viel „herrlichere gehalten: Denn sie trugen „ihn nicht aus in ein Marmorn Grab „sondern erhuben ihn in den Schos A„brahams.

Käyser Ferdinand der III. glorwürdigster Gedächtniß / hat sonder Zweifel als ein Betrachter dessen / ehe er aus der Welt gegangen / vor seinem Ende alles überflüssige Gepränge bey außstaffirung seiner Leiche zu vermeiden / geboten. Zu seinen Füssen lagen drey gestickte kleine Cronen: Die Eitelkeit aller irdischen Majestät damit den Anschauenden zu bezeigen. Im übrigen ist alles so still daher gangen / daß sonst von eines Edelmanns wann es Begräbnis offt mehr Wesens gemacht wird / weder bey dieses hohen Potentaten Bestattung vorgelauffen. Was ists / daß wir den Würmern ihr Confect in silbernen Schalen / unsern Leib in dem theuresten Sarcken / Sammet und Seiden / entgegen tragen / da doch kurtz hernach die Motten unsere Decke seyn müssen? Was ist unzeitigers / als zu der Zeit / da die arme Seel gleichsam an der Schwelle Göttlicher Gerichts-Stuben / und an einem solchen Pünctelein ruhet / an welchem zur Rechten das Leben / zur Lincken die ewige Verdammnis grentzet / noch umb solches weltliche Gauckelwerck / und nicht vielmehr bekümmert seyn / wie man im wahren Glauben sterben / die Seele in den heiligen Purpurmantel seines Erlösers einwickeln / und auffs aller demühtigste in die Hände deß Allmächtigen auffgeben möge? Wilst du ja prangen / so strebe dahin / daß dich die Thränen der Frommen / das beklagen der Elenden / das Verlangen der Dürfftigen / das beseuffzen der Witwen

und

und aller erbaren Freude Reichen begleitet. Solche Pracht ist herrlich vor GOTT und Menschen.

X.

Zur Hochzeit.

Ihrer viel gehen zur Hochzeit entweder fressens/ sauffens und springens/ oder andrer üppigen Ursachen halben. Ein Christ aber/ nach dem er der Copulation mit andächtigem Gebet beygewohnet/ gibt nicht nur dem Magen/ sondern auch den Augen/ Ohren und Gedancken ihre Speise. Die Augen zwar weidet er an so mancherley Trachten von Speisen und edlen Früchten/ an schönen zierlichen Kleidern/ womit Gott uns armen Staub/ die wir doch den Tod verdienet/ dennoch auch in dieser Sterblichkeit aus lauter Liebe segnet/ sättiget/ und anzeucht. Die Ohren an der überaus lieblichen Music/ an der wol proportionirten und feinklingenden Harmony/ welche GOtt in der Naturen eingeschaffen; mit Verwunderung / daß ein Schaffdärmlein / sampt ein wenig Luffts und Holzes / so viel süsser Anmuth in sich begreiffe. Endlich ist das Confect seiner Gedancken die Vorbildung jener Geistlichen Vermählung seiner Seelen mit Christo / deren diese leibliche Ehe ein Geheimniß ist. Er betrachtet bey ihm selbsten / wie prächtig und herrlich alsdann die Außerwehlten zur Hochzeit deß Lamms an den Reyen / durch die klare und reine allerschönste heiligen Engel / als Brautleiter / werden geführt / und mit was unaussprechlich-liebreicher Anschauung der Göttlichen Augen ihres Heilands erquicket / da hergegen draussen die Hunde heulen / und die verspätete närrische Jungfrauen mit vergeblichem anklopffen hineinzudringen sich bemühen / aber ebener Gestalt / wie etwan allhie ein ungebetener Lump von der Hochzeit-Thür / mit Spiessen und Prügeln der Höllischen Geister abgetrieben werden.

In eine Schule.

DAß einer in der Schulen Christi/ daß ist in der Kirchen/ etwas proficire/ hilfft viel darzu/ wann er vorher in der Kinder-Schulen fleissig erzogen worden. Unsere Natur ist wie ein Baum/ welcher/ wann er noch jung ist/ seine zweige am besten zu einer schönen Laubhütte herum flechten läst: Also weil wir zart und jung/ mögen wir zu begreiffung allerhand Künste und guter Christlicher Sitten am leichtesten zubereitet werden. Der H. Ambrosius schreibt/ wie daß die Ackersleute dergestalt von bittern Mandelbäumen süsse Kerne erziehen: Sie bohren die Wurtzel deß Baums/ und ziehen mitten daherdurch ein Fichten-Reißlein/ (Surculum ejus arboris, quam Græci πεύκην, nos piceam dicimus) Worauff der Safft seine Bitterkeit verleurt. (Ambr. lib. 3. Hexam. c. 11.) So nun der Ackerbau den Geschmack der Stämmen verän-

dert/

dert / solten nicht die Studien / Künste und gute Disciplin die Kranckheiten unserer Gemühts-Begierden curiren und heilen? Ein getreuer Schulmeister ist vor der Welt gering-schätzig / bey Gott aber in gewisser Hoffnung sehr reicher Belohnung: Gleich wie die hinlässigen und unfleissige das Seufftzen der Eltern auff sich laden / und am Verderben der jenigen / so von ihnen nicht in rechtmässiger Disciplin gehalten / ihr Gewissen verwunden.

Nicht selten liegt die Schuld einer bösen Zucht an denen Eltern / welche ihre Zärtlinge mit keinem Finger berührt / mit keinem sauren Blick schier wollen angesehen wissen; Gleich wäre die Schul eine Apothec / darinn man nur immer Zucker und Rosinen / nicht aber Gallöpffel und Myrrhen / nach Gelegenheit der Sachen / feil haben müste: Oder ein solcher Rosen-Garten / da kein Dörnlein zu finden. Der weiseste König meinte viel anders / darum sprach er: Wer sein Kind lieb hat / der hält es unter der Ruten.

 Zur

Zur hohen Schul.

Collegia und Academien seind rühmlich von unsern Vorfahren dazu gestifftet / damit die Christliche Jugend in guten Sitten und Kunstlehren / so sie irgend aus den Trivial-Schulen mitgebracht / nicht allein bekräfftet / sondern auch daselbst noch viel geschickter und gelehrter werden solten. Aber es thäte heutiges Tags schier vonnöten / daß viel unser Academicorum wieder umkehrten nach den Kinder-Schulen / und lerneten was sie vergessen / nemlich die kindliche fromme einfalt und Sittsamkeit. Dann lieber / so du ein Liebhaber Christi / das ist der Warheit / und nit viel mehr pro reputatione passioniert bist; sag auf dein Gewissen / was seyn viel unser Academien leider Gottes heut zu Tage anders schier / als Fecht- Tantz- un Sauff-plätze? Da auch die Fromesten in Gefahr der Verführung schweben?

Was unseliger Früchte unter andern

dern das schöne Kräutlein Pennalismus offtmals trägt / hat leider neulich die Erfahrung auff einer berühmten Universitet mit Thränen bezeuget. Was kan das auch viel anders fruchten / welches wieder den Eyd / so man seiner Academischen Obrigkeit thut / gepflantzet wird? Lauff alle Heidnische Secten und hohe Schulen der Philosophen und Weisen durch / keine wird zu finden seyn / darinnen je ein solches lasterhafftes Wesen gewest; keine / die am Jüngsten Tage auch nicht aufftreten / und es verdammen wird. O tempora! ô mores! Lieber wessen ist die Schuld? Haben wir nicht feine Christliche Professores und Lehrer / die es an Ermahnungen nicht ermangeln lassen? daran zweiffle ich nicht. Gehe aber hin und lerne von Königs Ludovici XIII. seinem kurtzweiligen Rahte die Antwort. Dieser bat seinen König vor einen vornehmen Herrn / welcher unterschiedliche vor der Faust erstochen / ums Gnad: Und wie es ihm der König abschlug / fürwendend / der Bouteville (so hieß er) hette ihrer viel erstochen; begegnete ihm der Narr also: Er hat nur einen/ die andern/ mein Herr König/ hastu umgebracht/ welche noch alle lebeten/ so du ihm vor den ersten hettest lassen sein Recht thun. Wenn Fürsten und Regenten einer einreissenden Laster-Seuchen in ihrem Gebiete nicht stracks anfangs/ oder wenn sie können/ begegnen/ machen sie sich selbsten schüldig alles daraus entstehenden übels.

Wilt du auff die hohe Schul? So halte darvor/ du ziehest an den Ort/ wo du den Grund deiner zeitlichen Wolfahrt oder verderbens/ nachdem du es anfängst/ legen könnest: Nim derhalben nicht allein die Wort/ sondern auch das exemplarische Leben deiner Academischen Lehrer zum unterricht an/ und versichere dich/ daß ihnen wiederstreben/ keine Freyheit/ sondern Muthwill; ihnen gehorchen/ dein künfftiges herrschen seyn möge. Niemand wird dermal eins besser regieren/ als wer zuvor wol gelernet gehorsam seyn/ hat auch ein Heyd gewust. Wirstu darüber

verach-

verachtet? was liegt daran / wenn man dich der Tugend halber verachtet / welches keiner thun kan / als der selber nichts werth? Schließlich rahte ich dir / lerne vor allen Dingen altissimam & utilissimam lectionem, tui ipsius veram cognitionem (Thomas de Imitat. lib. 1. c. 2.) Daß nemlich die höchste Schul und Lection sey / sich selber erkennen und verachten lernen.

XVI.

Auffs Rathhauß / Cancelley / Gericht.

Fordert dein Beruff dich auffs Rath-Hauß / so betrachte / was Cicero sagt / daß es ein Tempel deß Verstandes und Raths sey: laß derhalben die Affecten draussen. Zum ewigen Ruhm wird es einem Römischen Rath-Herren nachgeschrieben / daß / ob er gleich mit einem andern tödliche Feindschafft hatte / solche doch in allgemeinē Geschäfften auff die Seit zu setzen / sich mit ihm vergliechen; wie beim Livio zu lesen. Ist da-

 selbst

selbst Weißheit von nöhten / wie denn warlich Kinder / oder Knaben von hundert Jahren / mehr dazu schädlich als nutzlich; so fürchte den / welcher der Weißheit Anfang.

Laß deine Cancelley ja nicht mit Adlers Federn schreiben / von welchen die Natur-Kündiger berichten / daß sie andere Federn verzehren. Die einfältige Indianer meineten / die Brieffe uñ Schreiben wären redende Geister; hüteten demnach anfangs und scheueten sich vor ihnen. Haben daran so groß unrecht nicht: Denn ob etwann das jenige / so du außfertigest / verschlossen / versiegelt / und nit vor jedermanns Aug kommt; so wisse doch / wo etwas wieder Recht uñ Billigkeit darin enthalten / daß es eine Rede deß bösen Geistes im Göttlichen Gerichte wieder dich seyn werde.

Eine Obrigkeit / sonderlich die das Richterliche Ampt führet / betrachte / daß sie Gottes Statthalterin sey: Deßwegen sie ihres hohen Principalen Ehr den Geschenck und Gaben nit hindansezen / kein Geld vor Blut / noch Blut

umbs

ums Geld nehmen müsse. Wie bekams dem Ahab / daß er den verbannten Mann van sich ließ? und Naboths Acker? Verstatte derwegen ja nicht / so viel an dir ist / daß das Hauß der Gerechtigkeit / zur Hölen der Leuen und Basilisken / oder / zur Mörder Gruben werde / durch unterdruckung der Unschuld. Laß dich die Flüche und das Weh / so hin und wieder die Propheten darüber schreyen / davon abschrecken.

Es sind die Geschicht-Bücher der Exempel voll / wie Gott die ungerechten Richter biß auff Kindes Kind gestrafft / Sie seines Segens beraubt / ihnen ihren Reichthum / als welcher von den Thränen der Gerechten und Unschuldigen befeuchtet gewachsen / zum Fluch werden / unterweilen auch plötzlich / ohne rechtschaffene Busse sie dahin sterbē / uñ in sein Zorn-Gericht fallen lassen. Olaus schreibt im 14. Buch der Mitternächtigē Geschichten / daß zu Upsal in Schweden ein ungerechter Richter von einem unschuldig Verdampten innerhalb einer Stunden vor den Richter

Seil Christi geladen; welches er zwar verlachet / aber noch selbige Stunde vom Schlage getroffen und ertödtet worden. Waraus erhellet / was vor ein scharffes Auge Gott der HErr auff die Urtheil und Rechts-Sprüche habe.

Ein Privat Person aber richte sich wol nach Syrachs seiner Regul: Sey nicht Zänckisch vor Gericht / und halt den Richter in Ehren. Oder vielmehr nach Pauli Meinung; Es sey schon ein Fehler / wenn Christen Rechthändel führen. Warum lässest du dir nicht lieber unrecht thun / so dichs anders allein betrifft? Seelig sind die Friedfertigen: Aber desto unseliger die / welche ihren Nechsten übervortheilen / und den Richter betriegen. Es ist noch ein Ober-Richter / der sich nicht überschleichen läst. Die guten und bösen Engel / sampt deinem eignem Gewissen / werden wieder dich stehen / und deine Tücke helffen verdammen. Was hülffs / wenn du hie im Gerichte siegest / und dort würdest verdammet? Qui pavet, cavet, qui negligit

gligit, incidit. Wer diß scheut / der heiler; wers verachtet stürtzt sich darein.

XV.

Zum Krancken / und ins Spital.

KRancken besuchen / ist eines mit võ den guten Wercken / welche der HErr an jenem grossen Tag unter andern an seinen Außerwehlten wird preysen. Wenig zwar thun solches; aber wenig seind auch außerwehlte. Man findet in den Kirchen-Historien / daß die Christen in diesem guten Werck so eyfrig gewest / daß sie auch den Armen Leuten die stinckenden Geschwür selber außgetrücket. Das thäte heut mancher noch lange nicht / sondern hielte dises vor ein Thorheit. Sed gustato spiritu, necesse est desipere carnem. So bald einem der Geist Gottes schmeckt / muß daß Fleisch närrisch werden für der Welt. Bernhardus Epist. 109.

Ein grosser Herr zu Rom war in Spitälen / Armhäusern und Kerckern

C vj gleich.

gleichsam daheim / so offt besuchte er sie: Gab jährlich den dritten Theil seiner Einkünfften den Armen / ließ auch alle Stunden ihnen Brod außtheilen. Als er über die Gassen einmahls ging / und ein unverschämter Bettler mit ungestüm auff ihn zudringend / darüber von dieses Herren Diener zu boden gestossen ward / tratt er hinzu / halff ihm selber wieder auff / verehrete ihn auch gar reichlich. Die Krüppel und Lahmen nam er offt von der Gasse in seine Kutsch und mit sich heim nach seinem Pallast. Der Hertzog von Ossuna/ Königl. Spanischer Stathalter/ ward von einer Frauen/ deren ihr Mann alles das ihrige verthan hatte / umb Gottes Willen gebeten umb einen Sack Korn: Befahl drauff seinem Hoffmeister ihr und ihren Töchtern Lebens-Mittel zu verschaffen/ von welchem sie einen Zettel auff 6. Säcke Korns empfieng. Ungefehr aber begegnet ihr der Hertzog wieder / sahe den Zettel / und schrieb zu der 6. hinzu 1. daß sie also 61. bekam.

Solche Exempel sind jetziger Zeit

weisse

weisse Schwalben; aber in Warheit Zeugnissen eines starcken kräfftigen und lebendigen Glaubens. Ihrer viel schelten andere/so es thun/vor Heuchler und Scheinheilige. Lieber Mensch betriege deine Seele nicht/und brauch den Articul von der Rechtfertigung/welche dir freylich durch niemand anders als JEsum Christum wird/nicht also zum Schalckdeckel deines Geizes und Unglaubens. Der jüngste Tag wird es richten/ob einer ein Heuchler hierin gewesen oder nicht. Thu du nur erst was guts/und thu es auff Christi Befehl/der Hoffnung/daß es dir in der Aufferstehung der Todten werde vergolten/das ist/thu es auß dem Glauben/so wird dich der Glaube hiedurch nicht lassen stolz oder Ruhmrätig werden/sondern vielmehr lehren/daß alle deine Christliche Werck und Ubungen/so aus den Brunnen Christlicher Liebe fliessen/nit deine sondern deß heiligen Geistes Wercke in dir sind; deßwegen du sollest demühtig seyn/uñ dich vor einen unnützen Knecht halten. War-

 um:

um? Denn je mehr du gutes thust / je mehr bist du schuldig dem die Ehre zu geben / der dir das Vermögen / und den Willen gegeben: Welcher in jenem Leben / wie Augustinus redet / nicht deine Verdienste / sondern seine Gaben an dir Krönen wird. Wilt du kein Heuchler seyn / so laß die Lincke nicht wissen / was die Rechte thut: Erzeig keinem / bloß andre Menschen zu gefallen (wie es leider die meisten thun) sondern umb Christus willen deine Wolthat. Sind andre Heuchler? Was gehts dich an? Die Schäfflein Christi / spricht abermahl Augustinus / legen darum ihre Wolle nicht ab / wenn gleich auch Wölffe und Füchse in Schaffspeltzen einher schleichen. Betrachte daß dein HErr sich deiner erbarmet / und mit Erlösung deiner Seelen aus dem Spital der Sünden / dich längst vorher dazu verbunden / daß du hinwieder an Spitälen / an armen gebrechlichen Leuten / Barmhertzigkeit üben sollest. Wirstu diß unterlassen / wird er dich wieder nicht kennen wollen / wann du gleich

noch

noch so sehr HERR HErr schreyest. Streu den Saamen deiner Liebe nicht auff den Acker der Ruhmretigkeit/ sondern deß Glaubens und Demuth, so wirstu Früchte samlen / die nimmermehr verwelcken.

XVI.

Zu Hoff.

WEr zu Hoff will überwintern / muß einen guten Fuchspeltz tragen / und die Hoff Gnade sehr wol damit bedecken/ daß sie nicht erfriere: Sintemahl solch Futter daselbst am meisten beliebt/ Schaffspeltz aber in solchem Werth sind/ als das Lamm GOttes beim Herode und Pilato. Ein jeder regulirt sich dort nach seines Fürsten und Patronen Ohren: Und steigt dennoch ein Fuchs über den andern. Simson zündete dreyhundert Füchsen die Schwäntz an/ und ließ sie unters Getreid der Philister: Darüber kam er nachmahls umb seine beyde Augen: Wer aber den Hoff-Füchsen

Füchsen ihre Schwäntze verbrennt/der kompt offt umb Leib und Leben.

Ein redlicher geschickter Mann untertstund sich einem vornehmen Printzen zu entdecken / wie er von einem seiner Bedienten hintergangen würde: diesem aber begunte von solchem Gerüchte der Schwantz an zu rauchen; darum allem besorgenden Unheil vorzubauen / stafirte er einen andern Hoff-Fuchs an/ der dem Printzen überaus wol befohlen war / daß er mitten unter der Audientz/ die der HErr besagtem Mann ertheilte/ hineintratt/jenem einen Abtritt verursachte/ und bey solcher Parenthesi den Fürsten glaubwürdig überredte/ der Mensch wäre was Melancholisch und nicht recht gescheid; warmit dem redlichen Kerl fernere Audientz abgeschnitten/ uñ dem andern sein Fuchsschwantz gerettet ward. Welcher aber zur Rache Jenen davor in eine drey jährige Gefängniß brachte/ja ihm gar nach dem Halß spielte. Biß endlich der Printz besser von ihm informirt/ ihn entledigen hieß / und als einen klugen redlichen

chen Mann lieb und werth hielt.

Warum wilt du lieber bey Hoff als in niedrigem Stande seyn? kennest du nicht das Kräntzlein Mißgunst / und was es für Früchte trage? Weiß du nit / daß zu Hoff viel Löwen- und Fuchs Gruben sind / so lern es vom Propheten Daniel: lern es von dem trefflichen Kriegs Obersten Belisario / der weit von Hoff / in Feldzügen tapffer / wie beim dem Procopio zu lesen / und darum bey Kaiser Justinian in höchster Gnade war; am Hoff aber kaum warm geworden / als ihm der Kayser / auff falsche Angebung / die Augen ließ außstechen / darüber er zum Bettler ward / und vor der Kirchen mit diesen Worten umb Allmosen batt: Da obolum Belisario, quem Invidia excœcavit: Gib dem dem Belisario einen Heller / welchen bey Hoff seine grosse Tapfferkeit geblendet. Ist eine Glückseeligkeit in der Welt wandelbar / so ists die Hoff-Sonne / welche im Augenblick durch eine Wolcke der Verleumdung mitten unter

dem

dem Gelächter der Freuden fast Thränen herab regnen machen.

Zugeschweigen wie gefährlich das Gewissen bey Hoff am seidenem Faden hänge / so einer anders will angenehm seyn. Betrachte doch nur / anderer Hof-Reguln / denen du dich gemäß halten must / zugeschweigen / was das Wörtlein Raison d' Estat, welches du wie deinen Augapffel in acht zunehmen hast / vor Noth und Jammer in deinem Gewissen stifften kan. Wañ man ihrer vielen unter die weichen Kleider sehen könte ins Hertz / was würde man anders als lauter Stich und Wunden von allerhand Ungerechtigkeit daselbst finden! Ein gelehrter Mann hat solche Hoff-Favoriten mit einem Tragedien-Buch zuvergleichen pflegen / das etwan in einem schönen roten Purpur oder Sammet gebunden / inwendig aber voll lauter Mord / Todschlag und Unglück geschrieben stehe. Ihre Füsse spazieren offt in einem Rosen-Garten / das Hertz und die Gedancken aber auff eitel Dörnern der Unruh herum.

Jeden-

Jedennoch / so es ja dein Ampt Gelegenheit und Beruff erfordert / daß du zu Hoff leben mussest / kanst du auch wol daselbst Christlich leben; wiewoll mit grosser Gefahr / und als einer unter 100. Alßdan laß ja gute Fürsichtigkeit in deinen Augen / Treu uñ Redlichkeit im Hertzen seyn. Wird dir dann ein Hoffstreich unschuldig beygebracht; wolan so trägstu doch ein rar Kleynodt / nemlich dein gut Gewissen davon. Ein reines Gewissen ist eine Hoffstat Gottes und seiner heiligen Engel / warvor du die Hoff-Gnad dieser Welt gern verschertzen solst. Amans Deum anima sub Deo despicit universa. Eine Seele die GOtt liebt / achtet ihn über alles / was in der Welt ist. Thomas de Imitatione l. 2. c. 5.

Glückselig ist der Fürst / der mit solchen Hoffdienern begabet. Thuanus uñ andere schreiben / Königs Francisci I. in Franckr. sein Hoff sey gleichsam ein schönes Firmament mit lauter Sternen der Geschicklichkeit besetzt und voll künstlicher Leut gewest / die in der Welt

zu fin-

zu finden waren. Ist ein grosses Lob: reicht aber nicht an deß Kaysers Constantini Hoff-Lob/ der die Gewissenhaftesten umb sich nur haben wolte/ wie aus seinem simulirten oder angenommenen Abfall vom Glauben bekandt. Grosse HErren und Regenten/ vermeint Tiberius beim Cornel. Tacito/ müssen alles ad famam dirigiren/ zum Ruhm und Gerüchte richten: Christliche Fürsten aber sind wie die Sonnen-Blumen/ welche sich nach der Sonnen/ deren Form sie haben/ stets wenden. Ihre Augen sind auff Gott/ dessen Spiegel und Statthalter sie sind/ gerichtet. Deß Fürsten Sitten sind deß Hoffs ja gantzen Landes Primum mobile: Sie sind der Mittelpunct/ welchen ein Wurff im Wasser macht/ daraus alle andere Kreiß und Circul entspringen. Soll Gerechtigkeit im schwange gehen/ muß sie warlich nicht unter dem Scheffel/ sondern bey dem Fürsten zu förderst auf seinem Thron/ ja in seinem Hertzen sitzen. Alsdenn hält Gott selber mit Hoff-

Ins

Ins Frauen-Zimmer

EIn Jüngling im Frauen-Zimmer ist wie ein Fisch/ der vor der Fisch-Reusen spielt/ biß er hinein schwimmet/ nachmahls aber vergeblich wieder gern zurück heraus wolte. Unzeitige Frauen-Liebe (den von ordentlicher red ich nit) ist ein gäher abschössiger Felsen/ davon dein zeitliches Glück gar leicht herab auff den Boden alles Unglücks und Jammers stürtzen kan; Sie ist daß Platonische Bley/ so den Füssen der Jugend anhängt/ und sie dergestalt beschweret/ daß die Flügel deß Gemüths davor nicht empor können: Sie ist wie jenes Buch in der Offenbahrung/ das im Munde wie Honig/ aber im Bauch grimmete. Billig solte kein Jüngling zum Frauen-Zimmer spatzieren/ bevor er Salomons Sprüche auswendig gelernet.

Wer ist so verständig/ so hertzhafft/ so sittsam/ der ausser Beruff und Zeit

aus

aus Vorwitz ein schönes Weib ohn Niederlage seines Gemühtes anzublicken ihm dörffte getrauen? Der weiseste König ward darüber ein Thor; Davids glänzende Forcht Gottes benebelt/ Simson/ der Löwen Zwinger von einer unzüchtigen Delila bezwungen. Messes incendit Allophylorum, & ipse mulieris unius arsit igniculo (Ambrosius in Apolog. S. David.) Der das Getreid der Philister hat wissen anzuzünden / ist selber durch eines einigen Weibes schnöden Liebesblick in Brand gerathen. Darum/ so du ins Frauenzimmer gehen must/ laß ja die Furcht deß HERREN mit dir gehen / Zucht und Schaam nicht ferne seyn/ daß dir die Leber nicht werde gespaltet. Gedenck an den keuschen Joseph / und andere/ so hierinnen ihre Begierden ermeisteret. Alexander / der grosse/ vertraute seinen hochmütigen Augen so viel nicht / daß er sie lange in beschauung seiner schönen Gefangenin/ deß Darii Gemahlin hafften ließ. Dem Römischen Helden Scipioni ward eine ne verlobte Jungfrau / so ein Miracul der Schönheit war / von den Soldaten zur Beute presentirt; aber ehrlich von ihm gehalten / biß er sie ihrem Bräutigam wieder zustellete; den Soldaten aber diese rühmliche Antwort gab: Er bedanckte zwar sich ihres Geschencks hielte es aber vor einen grossen Schimpff / wann der / welcher so viel Städte hette erobert / von einem blossen Weibsbild solte überwunden werden.

So lange Käyser Carls deß V. glorwürdigster Nahm / wird auch das Lob seines keuschen Gemüths grünen. Diesem hatte man in seiner Reise durch Franckreich ein edle Frantzösische Jungfrau ins Bette heimlich gelegt / welche aber ohnberührt und reichlich begabt mit diesen Worten; Da behüt mich GOtt vor! ihren Eltern von ihm wieder zugesandt worden. O der vortrefflichen Gemüther! Die sich viel zu edel hielten / Sclaven der gailen Brunst zu werden / und im Streit mit Gewalt / Gelegenheit / Einsamkeit und Lust / so vielen Feinden der Zucht / dennoch

noch

noch die Oberhand erhalten. Das stehe besser / als wenn hohe Häupter mit Comediantinnen und Ehlichen Weibern sich besudeln. Keiner kan den lieben / so von einer keuschen Jungfrauen geboren / der nicht der Keuschheit und Zucht geflissen ist. So werden auch die Hurer und Weichlinge nicht ins Reich Gottes kommen. Betrachte das Höllische Feuer / so werden die Kohlen der Geilheit erleschen.

Lied.

In der Melodey.
Von GOtt will ich nicht lassen.

1.

Wer an den falschen Blicken
Der leichten Wollust klebt /
Der wird von ihren Stricken
Auch offtermals entlebt:
Sie henckert Hertz und Muth
Mit spater Reu und Schmertzen /
Macht vielmals auch verschertzen
Das allerhöchste Gut.

2.

Scheint anfangs gleich ihr Binden
Sehr lieblich / lind und weich /
Ist gleich ihr Band zu finden
In Gold und Perlen reich /

Und

Und über Rubinen roth;
Halß angebracht die Hände/
Schau vor deß Fadens Ende/
Da sitzt gewiß der Todt.

3.

Laß ja dein Haupt nicht schlaffen
In ihrer Schoß bey ihr;
Ergreiff deß Kreutzes Waffen:
Philister über dir!
O Simson auff! wach auff!
Mach ihren Strick zu schanden/
Und treib durch Christus Banden
Die Laster in den Lauff.

4.

HERR JEsu / dem ich gebe
Die Hände Halß und Brust/
Zerstör mir das Gewebe
Der Spinnen schnöder Lust:
Dein Kreutz daß soll allein
In dieser Leibes-Hölen
Die Kette meiner Seelen
Und güldnes Armband seyn.

XVIII.

Aus der Stadt.

Ein rechtschaffener Christ gründet sich so fest in einer Stadt / daß er umb Unschuld und Warheit willen nicht völlig herauswelcht. Gleich wie die Fische das

D Meer/

Meer/also haben tapfre Leute alle Welt zum Vatterland / Christliche aber keines allhie: Sintemahl auch ihr Oberherr Christus selbst nit gehabt/ dahin er sein Haupt geleget. Christen seind keine träge Schnecken / die da gleich sterben müssen/ wann sie ihre Schalen nicht mit sich tragen: halten sich allenthalben vor Fremdlinge/blieben sie gleich in einer Stadt hundert Jahr; als welchen bewust/ das jenes Jerusalem / so dort oben / unsere rechte Vatter=Stadt sey. Was förchtest du zu scheiden aus einem Land oder Stadt/ so du doch von dir selbsten / von diesem so verzärteltem Leibe endlich scheiden must? Man treibe dich / wohin man wolle; aus der Hand GOttes / darin die Gerechten Maurenfest bestehen / wird dich keine Gewalt vertreiben.

Wer aber sonst aus der Stadt aufs Land hinaus sich erlustirens oder andrer Ursachen halber begibt/ der nehme ja gute erbare frome Sitten zu Gefährten mit: Damit er einfältigern draussen kein ärgerniß noch böses Exempel

gebe:

gebe: Zumahlen die Land-Leute gemeinlich gern der nächst anliegenden Städte manier und weise annehmen / und ja so geschwind ihren Lastern als Tugenden nachfolgen.

XIX.

An ein Halß-Gericht.

WAñ ich ein Halß Gericht vorbeygehe / fällt mir offt in meine Betrachtung die unaussprechliche Liebe GOttes / welche so einen aller Welt abscheulichen Ort meinethalben nicht gescheuet. Je grausamer mir ein solches Gericht vorkompt / je brennender und heller leuchtet mir die Liebe meines Erlösers. Alsdañ geb ich leichtlich dem weisen König zu / daß Liebe stärcker sey / als der Tod. Unter tausend stirbt einer kaum vor seinen Freund / vor seinen Feind aber kein einiger / so schändlichen Todes.

Wann deß Königs von Spanien einiger Sohn sich vor seines Herren Vattern Rebellen / die etwan zum

Tod verurtheilt/ also willig zur Straffe darböte/ anprangen/ streichen/ zum Galgen hinauß schleppen/ und wie einen Dieb oder Mörder auffhencken liesse; deß jungen Herrn Vatter auch alles annäme zur Versöhnung; würde nicht die gantze Welt darüber erstaunen und erschrecken? Wie viel verwunderlicher aber ist diese Liebes Flamme/ die den König aller Könige gezwungē/ seinen reinen und allerheiligsten Leib für uns seines Himmlischen Vatters verlauffene Knechte an ein schändliches Galgen-Holtz hencken/ nägeln/ und erwürgen zu lassen? Und zum Tod/ ja zum Tode deß Kreutzes/ welches eine knechtische allerunehrlichste Straffe war/ für uns ungehorsamen gehorsam zu werden?

Quæ impietas damnari potest, quæ Charitate Filii Dei non salvatur? Frag ich hie billich mit dem H. Augustino: (Augustinus de Agone Christiano cap. 3.) Was vor eine Gottlosigkeit kan geheilet werden/ die sich durch eine solche

Liebe

Liebe deß Sohns GOttes nicht bewe-
gen und heilen läst?

Wann du aber im vorbeygehnder [illegible] eines Mißthäters todten Kör-
per ersiehest / so gedencke an deß HErrn Christi Wort zu den Jüden: Meinet ihr daß diese allein gesündiget ha-
ben? rc. Dieser Dieb / dieser Mörder / welchen du am Galgen oder aufm Rad von Raben zerzerret mit abscheu und Eckel anschauest / meinest du / er habe allein solche Straff verdienet? Vor weltlichem Gericht zwar woll / vor Gottes Gericht aber seyn wir alle eines ab-
scheulichern Todes ewig schuldig / es sey dann / daß wir danckbarlich und im Glauben diese unaußsprechliche Liebe erkennen / die uns davon befreyet. Wañ ein Todeschläger sein Leben mit Geld er-
kaufft / muß er woll eine gute Summ erlegen; wie hoch und theur muß dann diese Bezahlung seyn / warmit die al-
lerschärffste ewige Gerechtigkeit GOt-
tes begnüget ist / und an statt deß ver-
dienten ewigen Todes / uns ein ewiges Leben schencket!

Auß der Grösse dieser Straff / lern die Grösse deines Verbrechens / aus dem Verbrechen die Liebe deines Heilandes / so davor gebüsset. Ich bekenne / daß keine / viel weniger meine Feder diese liebreiche Güte und Gnade gnugsam abmahlen könne. Sed qui non potest volare, ut Aquila, volet, ut Passer. (Ambrosius de fuga sæculi.) Wer sich in solcher Betrachtung nie Adlers-weise erheben kan / der fliege etwan wie ein Sperling oder Täublein / nach dem Schedel-Berge / daß er den üppigen Thälern dieser Welt entfliehe.

Lied.

In der Melodei.
Jesu du mein liebstes Leben.

1.

JESU der du bist gestiegen
An den Schedelberg vor mich /
Mir das Leben zu erkriegen /
O mein Heil / wie jämmerlich
Hangst du! gleich den Landverrätern /
Nackt / verwundet / voller Pein /
Ach und must gerechnet seyn
Bey verdammten Ubelthätern!
Wie voll Lästrung / Schmach und Spott
Bist du / du gemenschter GOtt!

2. Die

2.

Die geschlagne Glieder schwellen
Uberschwemmt mit roter Flut:
Aus Viol-braun-farbnen Quellen
Springt der reinsten Unschuld Blut.
Dich / du treuster Seelen-Bader /
Der uns abwäscht alle Schuld /
Dich / O Muster der Gedult /
Gürtet ein zerrisner Hader;
Weil die Liebe nichts verschmäht
Was sie uns zu gut empfäht.

3.

Deine Liebe ließ zu fechten
Gar nicht nach in dieser Welt /
Biß der Tod sampt seinen Rechten
War zerbrochen und gefellt.
Aber wenn du mich eins fragen
Um die Gegenliebe wirst /
Jesu liebster Liebes-Fürst /
Was soll ich zur Antwort sagen?
Meine Lieb ist leider Eiß
Gegen deiner Liebe Schweiß.

5.

Schau mein roth-gemischt erblassen /
Neig dein mattes Haupt zu mir /
Laß mich hertzen und umfassen
Dich / O meines Glaubens Zier!
Dich verlang ich: Ursach dessen
Kanst du / welchem aller Grund
Hertzens und der Nieren kund /
Leichtlich prüfen und ermessen.

Aber laß dein Auge sehn /
Gleich als wär es nie geschehn.

6.

Diese Bach der deine Glieder /
Die so wundt und voller weh /
Uberpurpert hir und wieder /
Wasche weisser mich denn Schnee.
Wie du seyst verlacht / verachtet /
Wie verspeyet / wie verhönt /
Wie gestrichen / wie gekrönt /
Abgewürget und geschlachtet;
Und daß solches ich gethan /
Treib mich zu bedencken an.

7.

Daß ich liebe dich von Hertzen
Wegen solcher Huld und Treu /
Und mich tröste deiner Schmertzen /
Die mich machen Sünden-frey:
Denn so bald ich dich ergriffen /
Fühlet mein Gewissen Ruh:
Meiner Seelen Eckstein du /
Wenn mein Glaubens-Schwert geschliffen
Ist an dir / weicht Satans-Schlacht /
Weil du mich gerecht gemacht.

XX.

An eine wüste Stadt

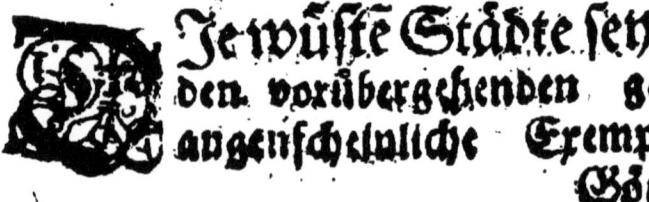

DJe wüste Städte seyn den vorübergehenden gar augenscheinliche Exempel

Göt-

Göttliches Zorns/ wie die wolbewohn-ten seiner Gnad und Segens. Hastu nicht gehört/ spricht er beim Prophe-ten/ daß ich von Alters her so gehandelt/ und thue jetzt auch also/ daß feste Städt zu störet werden zu Steinhauffen? Esa. 37. Gog und Magog und dergleichen Tyrannen sind sein Zorn/ welchen er über Städte und Schlösser/ da Unge-rechtigkeit herrschet/ ausschüttet. Reiß durch unser Teutschland/ so werden die durchlöcherte zerschossene lustige Schlösser/ und manche Städt/ da vormahls die Stimme deß Bräuti-gams und der Braut gehört/ jetzo aber Zihim und Ohim hüpfen/ dir zeigen/ was unsere Sunden gemacht.

Spiegelt euren Hochmuht daran ihr Fürsten und HErren/ die ihr als-dann euren Estat wolbefestigt zu haben vermeint/ wann ihr nur treffliche Fe-stungen bauet/ die Wälle und Mauren von dem erpreßten Schweiß/ Marck und Blut armer Unterthanen hoch auffführet. O wie wird der Hagel die falsche Zuflucht wegtreiben/ wann eins kommet / was ihr förchtet. Lieber was ist doch so hoch / so fest / so starck / daß GOtt nicht durchdringen solte? wie viel rathsamer wär es / wir liessen den GOtt Zebaoth unsere Festung und Mauren seyn / und baueten mit Gerechtigkeit / daß er unsern Gräntzen Frieden schaffete? So nun Gottes Grimm auch die leblosen Dinge / als Stein und Holtz / zerbricht und verstäubert / gedenck doch / was Er den gottlosen Einwohnern selbsten thun werde.

XXI.

In den Garten.

ES ist kein Wunder schier / daß unsere Natur sich sehnet nach schönen Gärten. Denn im Garten ist der erste Mensch erschaffen; Im Garten schwitzte der Sohn GOttes für uns sein heiliges Blut: Im Garten ist er begraben und wieder aufferstanden. Wann du im Garten oder Bluhmenreicher Auen bist / kan dir ein jegliches Kraut / Blum und Blättlein / den schönen wunderbaren GOtt in gewisser Masse zu erkennen geben. Præsentem clamat quælibet herba Deum. Jedes Kräutlein zeuget võ der Gegenwart Gottes. Die manchfaltige bunte Gestalt/ der erquickende Geruch/ und daß ich mit dem H. Ambrosio rede/ longè latéque redolentia Gratiarum spiramina: Die heilsame Artzeney/ so unter dem Kraut befindlich/ die süssen wol geschmackte Baum-Früchte; was sind sie anders/ als lauter Anzeigungen der Göttlichen Güte?

Die H. Schrifft leuchtet uns hierin vor/ wie man der Gärten zu allerhand nützlichen Vorbildungen gebrauchen könne. Mit dem Granatapffel vergleicht sie die Wangen der allerschönsten Braut deß Messiæ Cant. 4. welches nach auslegung deß H. Ambrosii (Hex. lib. 3. c. 13.) den guten Glantz ihres Glaubens/ und die schöne Röte von dem Blut so vieler heiligen Märtyrer/ ja von dem allerheiligsten Blute Christi selbsten ist. Wie mit den Rosen die Märtyrer/ also werden mit den Lilien die keuschen Jungfrauen von den alten Kirchenlehrern verglichen. Floribus ejus nec rosæ nec Lilia desunt spricht Cyprianus Epist. 9. Also betrachtet S. Ambrosius die Rose / wie einen Spiegel deß Menschlichē Lebens; wie solches an obangezogenem Orth bey ihm zu lesen. Unser Heiland weiset unsern Glauben auff die Lilien / derselben Schneeweissen/und allen Salomonischen Pracht übertreffenden Glantz/ und wie sie ohne nehen und Spinnen/ so herrlich durch Göttliche Vorsehung wachsen und blühen/ zu betrachten.

Es ist eben darum aber nicht nöthig/ daß man Adonidis und Alcinoi kostbare Gärten habe/ oder aus Ubermuhe mit dem Assirischem Könige Belo, Hortos pensiles, in der Lufft auff hohen Seulen auffgerichtete Gärten/ (wie beim Curtio weitläufftig zu lesen) prächtig baue/ und den Garten seines Gemüths mit allerhand Uppigkeit drüber verwüste. Meterranus erzehlt/ daß Anno 1634. in Niederland die Blume Semper-Augustus 2000. Floren

ren gekostet; und einem vor seinem Blumen Garten 70000. Fl. geboten/ die er doch darvor zu nehmen nitbegehrt. Laß mir daß ein Blume-Thorheit sein! Die dann auch noch itziger Zeit leider mehr als zu viel üblich. Die Alten verkaufften ihre Gärten / wandten es auff Kirchen / Schulen und Kranckhäuser / oder dieneten sonst damit ihrem Nächsten. Wir lassen die Kirchenschler wüst liegen/ und bauen mit grossem Kosten davor Gärten und Häuser / wässern und träncken die Blumen-Bette/ und lassen unsern armen Neben-Christen dursten; da wir doch bedencken solten/ daß im Garten auch unsere Unschuld verloren gangen / und GOtt solches verschwendrischen Wollustes halber dermahleins Rechnung fordern werde.

XXII.

Aufs Feld.

IM Felde hast du zwey grosse Folianten / so dich von der Allmacht Gottes untertichten mögen. Schau über dich / und siehe doch / was ist das vor ein HErr / der ein solches erschreckliches Gebäu so hoch so tieff / so breit so weit / so nach ordentlicher wunderlicher Bewegung ausgedenet / und doch mit einẽ Dreyling misst! Wilt du den nicht förchten? Schau in die Sonne / so du kanst, und bedenck / wann du dieses Gestirns hellblitzenden Glantz nicht ertragen kanst / wie du vor den viel schärffern Augen deß Göttlichen Angesichts bestehen wollest / so deine Augen durch lebendigen Glauben an Christum nicht vorher gereinigt / und entblödet.

Schau unter dich / wer hat den Erdbodem / drauff du so fest trittst / in freyer Lufft also befestigt? Mit tausenterley schönen Farben und Blumen gezieret? Mit Geflügel / Thieren und Menschen erfüllet? Mit vielen edlen Strömen und Quellen gewässert? Mit verborgenen Schätzen / Gold / Silber und Edelgesteinen bereichert? Frag die Schönheit deß Feldes / der Wiesen und Gepüsch / deß Meers / der Flüsse / der Spiegelklaren Bäche / und Cristallenen

Brunnen? Frag das sichtbare mit den Augen/ das unsichtbare durch Gedancken. Respondent tibi omnia; Ecce vide, pulchra sumus. Pulchritudo eorum confessio est. Ista pulchra mutabilia quis fecit, nisi incommutabilis pulcher? (Augustinus Serm. 143. de Temp.) Alles antwortet dir: Schau un besiehe/ wie wir so schöne seyn. Die Schönheit ist ihre Bekändnis. Wer hat aber diese veränderliche Schönheiten gemacht/ als der unveränderliche Allerschönste?

Nim das geringste Sandkörnlein auff/ und versuch/ ob du es nachmachen könnest aus nichts. Kein Engel vermag es/ und keine Creatur/ die selbst gemacht ist.

Wann ich solches alles unterweilen mit äusser- und innerlichen Augen besichtige/ bricht mein Hertz vor verwunderung mit David heraus: Wer ist wie der Herr unser Gott? Je mächtiger mir alsdann diese unermeßliche Allmacht vorkommet/ je glückseliger ich mich bedüncken lasse/ daß ein solcher HErr mich gemacht/ ich sein bin/ und

er

er wieder mein seyn will; Er mein Vatter; ich sein kind. In eo quod Filii sumus, ipse nos possidet: in eo, quòd noster est Deus; quod nostrum est, ipsum, cujus proprii sumus, propriè possidemus. Dico igitur Domino Meo: Deus Meus es tu, & dicit mihi Dominus Meus: Ego Dominus Deus Tuus. Homo, cujus Deus est, quid amplius quærit? si sufficis tu Deo, sufficiat tibi Deus schreibt sehr brünstig und liebreich der H. Cyprianus (de Ascensione Christi.) Darinn daß wir „seine Kinder seind / besitzt er uns: Darinn / daß er unser GOtt ist / besitzen „wir / was unser ist / nemlich Ihn / „dessen wir eigen seyn / zu unserm Eigenthum. Derhalben sprech ich zu „Meinem GOtt: Du bist Mein „GOtt / und es sagt zu mir Mein „HErr: Ich bin der HErr Dein Gott. „Was will ein Mensch mehr / der „GOtt zu eigen hat? Ist GOtt mit „dir vergnügt / so sey du wieder vergnügt mit deinem GOTT. Darum fragt auch David nichts nach Himmel

und

und Erden/ wann er nun seinen GOtt
„hat GOtt/ spricht Augustinus/ wür-
„de mich gar nicht ersättigen/ wenn er
„nicht mit sich selbsten / den waaren
„GOtt/ verhiesse. Was ist die gantze
„Erde? Was das gantze Meer? Der
„gantze Himmel? Was alle Gestirne?
„Was der Mond? Was die Sonne?
„Was das Heerlager der Engel? Ich
„weiß/ daß Einer ist / der dieses alles
„geschaffen hat/ nach dem hungert und
„dürstet mich; zu dem spreche ich: Bey
„dir ist der Brunn deß Lebens. rc. (Augustinus Serm. 16. de verb. Apostol.)
Wann ich betrübt bin/ so richtet mich
dieses auff/ und machet mich offt wieder lustig/ daß dieser mein eigner GOtt
und HErr / alles machen kan / was er
will im Himmel und auff Erden; so
leicht einen Leuen als eine Fliege. Deus
non laborat in maximis, sagt der H.
Ambrosius, non fastidit in minimis.
(Ambrosius Hex. lib. 5. c. 2.) Es wird
ihm nicht schwer/ grosse Ding/ noch verächtlich/ geringe zu machen. So bezeugt es auch die vergleichung seiner
Wa-

Majestet gegen meine Nichtigkeit / die-
ren er sich doch durch seinen Sohn zu eigen verspricht / daß er thun will / was
mir nützlich ist: Denn was solte ihn vor
Nutzen oder Vortheil sonst dazu bewe-
gen / weil er ja alles und mich selbst in
seiner Macht / ich hergegen nichts von
mir / alles von Ihm habe? Bonitate nos
solùm, non necessitate desiderat. (Cyprianus de Ascensione.) Er begehrt
unser nicht aus Noth / sonder aus lauter Güte.

Hierüber werd ich veranlasset / ein
und anders Gebet vom Vertrauen und
Glauben an GOtt / deßgleichen einen
Lobspruch zu Ehren der ewigen Majestet und Weißheit meines GOttes bey
meiner heimkehrung anzufangen: Mit
hertzlicher Bereuung / daß ich offt vor
einem vornehmen Menschen mich tieff
gedemühtiget / diesem HERRen aller
HErren aber noch nie eine rechtschaffene Ehrerbietung erwiesen. Wilt du a-
ber wissen / worinn solche Liebe und Ehrerbietung bestehe? So sich dein Hertz
und nicht nur die Lippen zu ihm nahen.
Jn

In die Wüsten und Wälder,

SAnct. Bernhardus spricht gar fein: Im Felde seyn die Augen der heiligen Engel/ die gar sehr beleidigt werden/ durch einen ungezogenen Wandel (Bernh. Ep. 42) drum schreibt er weiter/ soll ein Mensch sich auch für den Ohren der einsamen Wälder förchten. Den obgleich seine Zunge und Hände still sind/ ob er gleich mitten im Gepüsch und Hecken seine allerheimlichste List verschweigt/ so redet doch sein Hertz/ und offenbahren ihn die Gedancken vor dem Ohr/ daß allenthalben ist. Ja spricht er/ GOtt höret etwas im Hertzen dessen/ der da dencket/ was der selbst nicht höret/ der da gedenckt. Tremenda prorsus auris, cui non cessat quies, non tacet silentium. Billig soll man erzittern/ vor diesem Ohr/ dem die Ruhe selbst nicht säumig/ das Stillschweigen selbst nicht

ver-

verschwiegen ist. Drum du seyst/ wo du wilt/ hab GOtt vor Augen so wirst du nicht übel wandlen.

XXIV.

An einen Fluß.

DU siehest/ daß der Strohm immer vor sich/ nimmer zu rück lauffe. Daran spiegle die Zeit deines Lebens/ welche sich immer der Ewigkeit/ wie ein Fluß zum Meer nähert; und hüte dich/ daß sie nicht unnützlich verfliesse/ sondern etwas gutes allezeit darin verrichtet werde.

XXV.

Auff die Jagt.

DAß Jagen eine Fürstliche Lust/ welche der Tapferkeit gewidmet/ auch grossen Herren/ zu Ergetzung ihres Gemüths nicht zu verdencken sey; ist ausser allen Zweiffel. Zumahlen weil es eine Behäglichkeit/ welche den Menschen

schen mache/ wie andere Lüste/ weich und Weibisch / sondern Männlich und beherzt machet. Wenn es nur mit solcher maß- und Behutsamkeit geschicht/ daß den armen Unterthanen dadurch nicht zu grosse Beschwerung auffgebürdet wird. Denn in solchem Fall halte ichs mit dem schertzenden Taubmann / welcher lieber einen Floh nur weder einen Hirschen zu haben wündschte/ weil jener ohne Thränen der Bauren zubekommen.

Noch unverantwortlicher ist es/ wenn dieselbe die Regierung im Stich/ oder ohne Auffsicht deß Fürsten/ nachlässigen und ungetreuen Räthen in Händen bleibt. Viel Regimenter und Königreiche hetten ihren Flor behalten/ wenn deren Vorsteher nicht mehr mit unvernünfftigen Bestien / als Handhabung der Gerechtigkeit zu thun gehabt.

Zugeschweigen daß mancher / der auff solche ritterliche Lüste zu hefftig erhitzet/ dardurch in Leib und Lebens Gefahr kompt. Wie Käyser Maximiliaan Exempel bezeugt. Dieser HErr ist nicht allein offters gefährlich mit dem Pferd gestürzt / und von den Thieren zu weilen bey nahe zu boden gestossen; besondern hette auch erhungern müssen / da er einsmals einer Gemsen so gefährlich und hoch nach geklettert war / daß ihm keiner wieder herab helffen könte / wenn nicht / wie man schreibt / eine Person in Gestalt eines Bauren oben auff dem Felsen erschienen / und ihn wunderlich herunter geleitet hette.

Noch ein andere Art von Jagten ist / da Ehrsüchtige Potentaten / grosse Länder und Reichthum zu erjagen / unnöhtiges Blutstürtzen anfangen / und viel tausent ruchlose Seelen drüber dem Hellischen Jäger in seine Stricke jagen: Da die Unterthanen zu beeden Seiten von räuberischen Soldatē / als wütigen Hunden / wie ein armes Reh verschüchtert oder zerrissen werden.

Diese werden in H. Schrifft auch Jäger genennet: Fahren aber nachmahls / wie Assur / zur Helle / sampt dem Klange ihrer Harffen: Motten und nim-

nimmersterbende Würmer seind ihre Decken; obgleich solche Jagt auff dieser Welt licita quædam Insania / eine erlaubte Unsinnigkeit ist / wie es Augustinus giebt.

Drittens ist eine Jagt / die nicht dem Gut / sondern dem guten / und dem / was droben ist / nachjagt; da man mit den ungeheurtsten Bestien rasender eigener Begierden kämpffet / sie ins Netz und Zaum der Vernunfft / und unters Joch Christi bringet. Wer sich hierauff verstehet / den halt ich vor den tapffersten Jäger in der Welt.

XXVI.

In die Erndte.

DAs reiffe lustige Getreyde gibt den Anschauenden mit seinē fruchtbarē Wachsthum zuverstehen / daß GOtt an Arbeit und Fleiß gefallen hat / und deßwegen das Land mit seinem Seegen krönet. Er könte zwar gleich wie daß Graß und viel andere Gewächs / alles Korn lassen

sen von sich selbsten auffgehen; will es aber darumb nicht thun / damit wir uns unsers ersten Sündenfalls bey der schweren Arbeit erinnern / und denn auch / daß wir nicht müssig gehen / wo durch nichts gutes kommt. Es bleibt dennoch lauter Gnade einen weg wie den andern. Sintemassen alles pflügen / säen / pflantzen / begiessen umbsonst / wenn nicht GOtt das Gedeyen dazu / früh und spat Regen gibt. Der HErr muß den Himmel erhören / der Himmel die Erde erhören / die Erde Korn Most und Oel erhören / und dieselben müssen Jesreel erhören. (Oseæ 2.)

Ob nun gleich das Korn eines andern / so kanst du doch deine Gedancken davon Christlich speisen / und die Göttliche Güte preysen / welche das liebe Getreid so wunderbarlich wachsen läst.

Nim einen Halm in die Hand / und betrachte nach anleitung deß Ciceronis in seinem Büchlein Cato major genennet / wie vorsichtig die Natur ihn aufferzogen: Wie sie seine Körnlein mit ihren Häut-

Häutlein bekleidet/und gleichsam mit Stacheln wieder die Vögel gewaffnet.

Die völlige Aehren geben ein schönes Fürbild eines Tugendhafften Menschen/der sich demühtiget/ wie jene gebogen nach der Erden hangen: Wie im Gegentheil ein leerer Halm mit seiner Erhebung einen stoltzen Ruhmrättigen abmahlet/da nichts hinter ist.

Gehet ein starcker Wind/ so neiget sich das Getreide / und wird also nicht zerbrochen / wie die starcken Eichen / so da wiederstehen: Uns damit lehrend/ daß wir mit Gedult / mit welchen und nachgeben obsiegen können.

Noch einer andern Betrachtung kan dich nachgesetztes Liedlein erinnern.

Erndt-Liedlein.

In der Melodey.

Kommt her zu mir spricht Gottes Sohn.

1.

GEht Kinder/ schaut die reiffe Zeit
Der Erndten an in Frölигkeit;
Geht mit dem Augen-Lichte
Durch diesen Korn-gekrönten Platz/
Und samlet einen gantzen Schatz
Von Lüsten ins Gesichte!

E　　2. Hi-

2.

Hie fällt daß weißlich-gelbe Haar
Der Acker vor der Männer Schaar/
Die ihre Felder schneiden;
Dort läufft und samlet man geschwind;
Und seht / wie jener Hauffe bindt
Die Garben auff mit Freuden.

3.

Habt ihr diß alles nun gesehn?
So denckt / was künfftig soll geschehn.
Deß Menschen-Schnitters Eisen
Wird so die Leiber schneiden ab
Vom Geist/ und in ein schwartzes Grab
Die kalten Glieder weisen.

4.

Wol dem / der reiff an Körnern stirbt
Eh' ihm sein leerer Halm verdirbt/
Und streuet hin und wieder
Viel Frücht' / auch wenn der Himmel winckt/
Im Glauben] vor der Sichel, sinckt
Auff Gottes Acker nieder.

5.

Wie wird es um die Erndte stehn?
Viel tausend Engel werden gehn/
Die Garbe zu erheben/
Die schönen reinen Weitzen trägt/
Und in Gedult die Früchte hegt/
Bey Gott davon zu leben.

6.

O weh dem aber! den der Spruch
Deß Richters wird mit hartem Fluch

Ein

Ein böses Unkraut nennen!
Man wird mit Schand' ihn werffen hin
Den Hellen-Raubern zum Gewinn /
Unendlich zu verbrennen.

7.

Drum seufftz' ein jeder: HErr mein Horth /
Gib daß ich wachse durch dein Wort /
Daß mich der Engel Wagen /
Dein armes Körnlein / frölig mag
An jenem strengen Richter-Tag
In deine Scheuren tragen.

XXVII.

Nach der Stadt.

EIn politischer Welt-Mensch / wann Er in eine Stadt kompt / observirt gemeinlich die Form ihres Regiments uñ Policey-Ordnung / Raht / Gerichte / Macht / Einkünffte / Gebäue / Festung / und andere Gelegenheiten. Ein Christliches Aug aber schauet vielmehr / was vor Tugenden daselbst im Schwange gehen / sein Christenthum mit allerhand guten Exempeln zu erbauen; wie eine Bien ihr Hönighauß aus allerley schönen Bluhmen / völlig und compler machet. Wiewoll nicht ohn / daß wenig hierum bemühet / die meisten vielmehr sich nach etwas seltzames und neues umhören / also mehr Böses denn Gutes mit von dannen nehmen.

Käyser Carl der V. bey welchem Herren die Natur alle Fürstliche Tugenden in eine Summ gleichsam bringen wollen / (wie Thuanus schreibet) pflag nach dreyen P. sobald er von einer Stadt zu discurriren kam / zu fragen; nemlich nach dem Prætore, Pastore und Præceptore, daß ist / nach der Gerichts und Policey-Ordnung / Bestellung der Kirchen und Schulen. Diese Fragen scheinen schier leider mit ihm begraben seyn: Oder ja bey wenigen im Gebrauch.

Wilt du nach dem höchsten Ruhm einer Stadt forschen; so wisse / daß solcher nicht in der Grösse besteht; sonst wären in China und West-Indien / auff etliche 30. Stunden lange Städte / die allerrühmlichsten; nicht in prächtigen Gebäuen; sonst wäre die grosse Ba-

bel

bel besser weder Jerusalem gewest: Sondern in einer Recht und Gerechtigkeit liebhabenden Obrigkeit/ Christlichen gehorsamen Bürgern und Einwohnern. Daß aber solches letzte mehrmahlen in einem kleinen Land= als einer grossen See= oder Reichs=Stadt anzutreffen/ geb ich gerne nach. Zu Bethlehem wird Christus geboren / zu Jerusalem gecreutziget; da zwar viel Pilati/ Herodes und Caiphæ / aber wenig Josephs wohnen. Grosse Städt / grosse Sünden.

XXVIII.

Ins Bad.

IN offentlichen Bädern/ sonderlich den warmen/ schwimmen Keuschheit und Zucht offt auff dem Wasser / und fehlt manches mahl wenig / daß sie nicht ersauffē. Drum siehe dich wol vor/ der du badest/ daß ja nicht etwan dein Leib rein/ die Seele hergegen viel unsauberer heraus gehe.

Was hilfft dirs / so der Leib gebadet / der Geist eine unflätige Sau bleibt? Wilt du recht baden / so reinige vor das Gemühe von Lastern; das wird GOtt ein wolgefälliges Bad seyn. Wie wird aber diß baden zugehen? Nicht anders / denn als GOTT selbst beim Esaia an die Hand giebt: Waschet euch / reiniget euch / thut ewer gottloses Wesen von meinen Augen.

Laß etliche wenig Tropfen aus dem Brunnen deines Hertzens durch die Canalen deiner Augen über dein Gewissen fliessen / und bereue offters dein Thun / so wirstu immer weisser und schöner.

XXIX.

Zum Schauspiel oder in die Comedien.

TRiffstu einen Spieler / Possenreisser oder Seiltäntzer an / welchem etwan andre häuffig- und fleissiger / weder einem Prediger zuhören oder schawen / so

„so stehe ja nicht lange still. Mach zu die „Fenster vor dem Tod/ verschleuß den „Zutritt / stopff zu alle Löcher/da Sün„de und Aergerniß könten hinein drin„gen. (Bernhardus de Conversione ad Clericos.) Das ist / du solt deine Augen und Ohren woll bewahren / vor den Schand-Possen / welche dort gemeinlich vorgestelt oder geredt werden. Lachet gleich die Menge der umbstehenden / und hat an solcher Narretey gefallen/ so gedenck/ daß der Satan mitlacht; welchen du nicht besser beleidigen noch überwinden kanst / als wann du deine Begierden überwindest und zwingest. Eos enim „ qui foris nos oppugnant, intus vincimus, vincendo concupiscentias , per quas nobis dominantur? (Augustinus de Agone Christ. „cap. 3.) Die / welche uns von au„ssen bestreiten / überwinden wir inner„lich durch überwindung unserer Be„gierden / wodurch sie über uns her„schen.

Das Gemüth ist ja so leicht durch Anhörung eines liederlichen Geschwezes anzustecken / als ein heller reiner Spiegel durch gelindes anhauchen benebelt wird. Der H. Augustinus hatte einen sehr lieben Cameraden / welcher Zeit seiner Bekehrung jederzeit alle dergleichen liederliche Schand-spiel / wie die Pestilenz hassete / und derhalbē im vorbeygehen üppiger Schau-Spiel allemahl die Augen unter sich schlug / ungeachtet ihn die Gefährten verlachten als einen blöden / der so viel Hertzens nit hette. Als er aber auff zusprechen seiner Gefährten sich eins-mahls / einen Blick dahin zuthun / erkühnte / ward ihm bald von der Uppigkeit das Lockbrod gelegt / und fieng ihn die Wollust mit ihrem Hamen so plötzlich und fest / daß er nach der Zeit lange nicht ablassen könte / dergleichen ruchlosen Spielen beyzuwohnen / und mit grosser Mühe wider zum waren erbaren Leben und Christenthum gelangete. (Vide Confess. Augustini.)

Wer Gefahr liebt / kompt leicht darin um. Wer viel mit der Welt ihrem Affen Spiel zuschaffen hat / der sehe sich vor /

vor/daß er nicht mit der Welt verdammet werde. Besiehe / ob das Schau-Spiel/ welchs folgendes Lied vorstellet/ dir besser ansteh.

Lied vom Schau-Spiel Christl. Lebens.

In der Melodey.

Christ unser HErr zum Jordan.

1.

SEy frölig! ob gleich diese Welt
Dich/ der ans Kreutz geschworen/
Vor nicht gar viel besonders hält;
Was hast du hie verloren?
Das Reich so unsrer Hoffnung Ziel
Ist fern von dieser Erden /
Und ihrer Augen Affen-Spiel;
Sie spottet der Geberden
Deß ungefälschten Glaubens.

2.

Wir spielen ihr wie Gauckler vor/
Die auff den Händen gehen:
Die Füsse tragen hoch empor/ (Bernh.)
Und auff den Köpffen stehen.
Wir stürtzen / was sie hier erhebt.
Ihr lachen sind uns Thränen:
Ja unsre Lust die widerstrebt

 Dem

Denn/was sie sucht mit sehnen:
Ihr Sterben macht uns Leben.

3.

Schilt sie das eine Thorheit schon/
Und äfft uns wie die Narren/
Reicht sie uns keinen andren Lohn
Als Kolben? Wol! Wir harren
Ja nicht auff ihrer Gaben Glantz:
Der uns hat heissen spielen/
Hält in der Hand den Lebens-Krantz/
Nach dem wir immer zielen
Mit allem unsren trachten.

4.

Schau Mensch und spiele die Person
Geschicklich; GOtt der siehet
Dir selber zu von seinem Thron.
Dein Lebens-Schauplatz blühet
Zur Rechten von der schönen Schaar
Viel Englischer Gesichter:
Sie übertreffen auch dein Haar
Und alle Himmels-Lichter
Bey brauner Nacht/ an Menge.

5.

Zur Lincken aber steht die Macht
Der Raben-schwartzen Rotten/
Das Heer vermaledeyter Nacht/
Uud wartet nur auff spotten:
Wie eine Wolcke voller Zorn
Mit strengen Hagel-Schlägen
Die Hoffnung auff das liebe Korn
Darnieder dräut zu legen/
Wo ihrs der Wind nicht wehret.

6. Nim

6.

Nim fein behutsam deiner war
O Seele / spiel mit Zittern:
Hie schläfft nicht Schaden noch Gefahr:
Das Wachen schlägt zu Rittern.
Ein Spieler / fo zuvor Anfangs Kunst
Erweist / und Endlich fehlet /
Verleurt auff eins der Augen Gunst /
Und wird durch Schimpff gequelet:
Darum Bedenck das Ende.

7.

Wenn aber kommt das Ende? Heut
Kan solches sein vorhanden:
Drum wol dem / der am Anfang scheut
Deß Endes grossen Schanden /
Und Augenblicklich rüstet sich /
Eh alle Zeit verschwunden!
Wer sich verspätet / bleibt im Stich
Und zum Gebiß den Hunden
Die in den Flammen bellen.

8.

O Weh dem! Welchen Gott verhönt
Und seiner pflegt zu lachen;
Vom Satan wird er seyn gekrönt
Mit Cronen roter Drachen.
Viel lieber vor der Welt ein Spott /
Die wie ein Schatten schwindet!
Wenn meine Seele nur bey Gott
Die Cron deß Glaubens findet /
Was kan ich bessers wünschen?

Ein anders.

In der Melodey.
Christ unser HErr zum Jordan kam.

I.

KOm Jesu meines Glaubẽs Krantz/
Kom meiner Seelen Sonne/
Kom meiner Hoffnung Licht und Glantz/
Kom meiner Liebe Wonne/
Und nim von deinem Reiche doch/
Das ist/ von meinem Hertzen/
Der Ergernissen schweres Joch/
Darunter sich mit Schmertzen
Mein matter Geist muß quälen.

2.

Vertilge sie / daß du allein
Darinnen mögst regieren;
Du hast ja bessern Fug und Schein
Das Scepter hie zu führen.
Hab ich an deine Blut-Fahn nicht/
Du weisses Lamm / geschworen?
Was haben doch an meiner Pflicht
Die häslich-schwartze Moren
Der Laster den zu fordern?

3.

Der Geitz / so seines Rachens Pfuhl
Will wassersüchtig netzen/
Doch nimmer lescht / kommt seinen Stuhl
Auff meine Brust zu setzen:
Ruhmrehtigkeit sucht hie allein
Das Regiment zu haben:
Der Hochmut will mein König seyn/

Am

Am höchsten in mir traben /
Und stürtzen deine Demut.

4.

Es brennt die gäile Wollust / gantz
Und gar mich einzunehmen /
Sie will durch ihren Rosen-Krantz
Mir deinen Dorn beschämen.
So dürffen Fraß und Schwelgerey /
Hie wolln wir herschen! sagen.
Ach aber solten solche Säu'
Hie Cron und Scepter tragen /
O HErr / in deinem Erbtheil?

5.

Deßgleichen zancken weitlich sich
Verachtung / Mißgunst / Hassen /
Zorn / Ehrgeitz / Lästrung / über mich:
Ein jedes will mich fassen /
Und haben vor sein Eigenthum.
Ich kämpffe zwar und fechte
Um meiner Seelen Cron und Bluhm /
Damit ich nicht zum Knechte
Noch ihnen dienstbar werde:

I.

Ich streite / was ich kan; ich kan /
So viel ich Beystand habe /
Ruff' aber meinen JESUM an /
Um dessen Gut und Gabe
Der Streit ist: dem verfecht' ich mich /
Dieweil mir unverborgen /
Daß ich sein eigen / und es sich
Geziemen will / zu sorgen
Vor meines Hertzen Schantze.

7.

Ihn halt' ich / Ihr / für einen GOtt
Und HErren meiner Sinnen!
Wie soltet ihr / verfluchte Rott'
Ihm denn so abgewinnen
Diß Hertz? Seyd freundlich oder frech /
Ihr seyd doch viel zu wenig:
Was heuchelt ihr? Was? Geht! ich sprech' /
Ich haben Keinen König
Denn meinen HErren JESUM.

8.

Kom HErr / Kom JEsu / kom herbey!
Zerstreu du meine Feinde
Durch deine Krafft / so bleib ich frey
Und halte dich zum Freunde.
Nim du die Herrschafft ein bey mir:
Zeuch ein zu deinen Thoren:
Du bist mein Gott und König / dir
Stehn offen Hertz und Ohren:
Zeuch ein du HErr der Ehren!

XXX.

Ins Wirtshaus.

INs Wirtshaus gehen / frölich und guter Dinge zu seyn / ist weder zu loben noch zu tadlen; aber doch den Lastern viel näher / als der Tugend. Denn unsere Menschliche Schwachheit kan bey der

Lust /

Lust / beim Wein und Spiel / sollen solche Masse halten / daß sie nicht dabey
sündige. Ein wiedergeborner Christ
geht entweder gar nicht / oder ja mit solcher Behutsamkeit hinein / wie ein
Schiff mitten durch zwey enge zusam-
menstossende Meerklippen. Die meisten
kommen leider nur fressens / sauf-
sens und Woll-lebens halber hinein;
wenn der Bauch ihr Gott ist: Haben
zwar auch GOtt und seinen Nahmen
um sich / aber nicht / wie in der Kirchen zum Segen / sondern zum Fluchen / schänden und mißbrauchen. Derwegen sehe ich nicht / wie eine Gottlieben-
de Seele Lust und Verlangen zu einem
Zech- oder Wirtshaus tragen könne /
in Betrachtung / ihre Ohren dort gemeinlich was leiden müssen / welches
ihnen ärgerlich.

Auff der Reise zwar kan man der
Wirtshäuser nicht woll entberen: Doch
soll man Augen und Ohren fein / wie
des Ulisses Gesellen mit Wachs thäten /
fest verkleben mit guten Christlichen
Gedancken / und beherzigen / daß dieses

ätige Menschliche Leben ein Wirts-
auß/ da die Prasser zwar heraus müs-
en/ und ihrer bald vergessen wird/ wie
e das Buch der Weißheit also ver-
leicht; aber nach diesem Leben allererst
en letzten Heller Zahlen sollen/ und
tit der Haut/ ja Leib und Seele büs-
en.

Last uns die Zech-Häuser dieser Welt
lehen und meiden; darinnen Satan
emeinlich der Hauß-Knecht ist/ wel-
her uns eine Tugend nach der andern
bzuschinden und schaben sucht: Last
ins streben nach unserer Heymath/ je-
iem Himmlischen Vatterland/ wo-
elbst hin der Weg nicht durch viel Zech-
Sauff- oder Spiel-Häuser/ sonde-
en durch Kirchen/ Kreutz und Trübsal
geht.

Lied.

In der Melodei.

Aus meines Hertzen Grunde/ etc.

1.

IM fall dein Haar soll tragen
Den edlen Lebens-Strauch/

O Mensch

O Mensch / [illegible] du schlagen
Den Leuen / dessen Brauch
Ist / stets umher zu gehn:
Er suchet zu verschlingen;
Drum soll vor allen Dingen
Dein Glaub' ihm widerstehn.

2.

Du must behutsam fechten;
Er stürmt die Seelen-Schantz'
Auch bey den stillsten Nächten:
Drum meide ja den Tantz
Der Welt / da Wollust fleust /
Da / mitten in dem Schertzen
Der gar zu sichren Hertzen /
Der Tod den Reyen schleust.

3.

Damit nicht Satan spinne
Dir einen Seelen-Mord /
So halt in deinem Sinne
Deß Feld-Herrn Spruch und Wort.
Erquick offt Mund und Muth /
Wenn dich die Sünden brennen /
Durch kühlendes Bekennen:
Iß seinen Leib und Blut.

4.

Hältstu nicht Gott für Augen /
Liebst Ihn und jedermann;
Was wird dein Glaube taugen?
Ein fauler Baum / daran
zufinden keine Frucht /
Muß vor dem Axt-Hieb fallen /

Und

Und nach den Flammen wallen/
Die ewig sind verflucht.

5.

Dein Creutz nim auff mit Freuden:
Die Hoffnung sey nicht weit/
Und sporne dich im Leiden
Nach jener Herrlichkeit.
Sey nüchtern und fasten
Den Leib; daß Ubertreten
Verhindre mit Gebeten/
Und bet' ohn Heucheley.

6.

Thu gutes auch den Feinden:
Den Armen brich dein Brod/
Und mach sie dir zu Freunden.
Gedenckt offt an den Tod.
Tritt auch auch zu deinem Schatz/
Vermisch in Reu und sehnen
Sein Blut mit deinen Thränen
Offt an dem Schedel=Platz.

7.

Da hertz ihn vor sein lieben/
Da küß in Glaubens=Lust
Die Striemen=rote Rieben/
Die Wunde seiner Brust/
Der Händ' und Füsse Pein/
Das Haupt mit Dorn benadelt/
Wodurch dein Haupt geadelt/
Und wir voll Rosen seyn.

8.

So dir den winckt dein Leben/
Und fordert dich herbey;

Gelst=

Solstu dich Ihm ergeben/
Erscheinen rein und neu
Durch seiner Unschuld Stral.
Den wirstu frölig hören:
Nim hin den Krantz der Ehren
In deines Fürsten Saal.

XXXI.

Ins Haus.

Bedenck daß dein Haus nicht anders / dann eine Herberg sey / welche du nicht mit dir tragen könnest / wann du davon must: Hüte dich demnach / daß du ja nicht mit gleichen Gedancken hinein gehst / als Nebucadnezar in seine so prächtig-erbaute Burg. Häuser und Schlösser bauen / ist ein Segen Gottes; zum Prangen und stoltziren aber / keine andere Anzeigung / dann daß du selber ein Hauß der Thorheit seyst.

Hat dir GOtt ein Hauß gebauet / so danck ihm davor / so offt du dahinein trittst; verachte aber dabey nicht einen andern / der etwan in geringen Hütten wohnet.

wohner; Ein einiger Donner-Schlag mag sonst den Unterscheid zwischen dir und ihm auffheben/ und die Pracht deiner Augen demütigen.

Ist dein Haus schlecht und gering? laß nur das Hertz auch schlecht und recht seyn / so will ich lieber bey dir / als zu einem grossen Hansen/ einzukehren wündschen. Denn es ist besser / zu wohnen in den Hütten der Gerechten/ weder in den grossen Pallästen der Gottlosen.

Im Stall/ da Christus geboren wird/ ist viel ein lieblichers Wesen / weder in der Burg Herodis/ da die Kammern mit Unzucht / oder mit blutigen Anschlägen besudelt.

Der Heide Diogenes war besser mit seinem Wein-Faß/ als der Königlichen Hoffhaltung deß grossen Alexanders vergnügt. Pompei Pallast zu Rom wolte offt vor Ehrgeitz und Neid schier zerbersten. Neronis Käyserliche Wohnung war mit weiten Thier-Gärten und Wäldern nicht so sehr belustiget/ als mit bösem Gewissen vieler daselbst ersonnenen Tyranney erschrecklich beängstiget. Die Hüttlein der wei-

sen

sen und der Gerechten aber sind/ nach außspruch Senecæ, wie der Himmel über den Mond beschaffen/ da es immer hell und schön ist.

Mancher bauet/ und weiß noch nit vor wem. Die Unkosten und eitle Mühe der Heiden/ an aufferbauung der Stådte/ hat Gott lassen den demühtigen Christen zu theil werden; weil aber diese aus dem Geschirr schlagē uñ in jhrem Bauwerck viel stoltzer werden/ stehe zu förchten/ er werde bald Türcken und Tartarn unsere Arbeit zum Erbe geben.

Die Alten baueten zur Beständigkeit/ wir zur Uppigkeit; so gar beschmeist die Hoffart jetziger Zeit nicht nur Kleider/ sondern auch die Gebäu. Das Vermögen sincket; die Häuser steigen und wachsen/ dörffen aber am Tage deß Gerichts dem Baumeister der gantzē Welt für sich keine Rechenschafft geben/ sondern es kompt auf den Wirth an. Dann werdē vieler armer Leut Augē klagen uñ sagen: Der Kalck/ der Gips ward mit unsern Thränen genetzet: Das Schloß/ die Pforte mit unserm Schweiß und Blut

Blut bemahlet. Was dünckt dich/ wird ein solcher Haus-Herr alsdann für eine Wohnung bekommen? Die ich und du nimmermehr zu sehen wündschen.

Woll demnach dem/ der allhie in seiner Wohnung ein Gast/ in seinem Eigenem ein Frembder ist/ alles besitzt/ als besesz er nichts: Der hat sich in jenes Vatters Haus/ da viel Wohnungen sind/ einer ewigen herrlichen Wohnung zugetrösten.

XXXII.

In die Bibliothec.

IN der Buchladen/ welche ein Feld/ ist/ da gesunde und gifftige Kräuter untereinander wachsen/ siehe dich nicht nach vielen/ sondern wenig und guten Büchern umb/ die zu deinem Zweg dienen: Und bedenck/ daß [illegible]de das Leben deines HErrn Christi die allergelehrteste Buchlade sey. Cui æternum verbum loquitur, à multis Opinionibus expeditur. Dem das ewige Wort redet / der wird in vielerley Meinungen bald richtig. (Thomas de Imitatione lib. 1. c. 3.

Halt es darvor: Summam esse Christianorum scientiam, scire Christum crucifixum, & amare crucifigi cum Christo. (Bernhardus) Der Christen höchste Wissenschafft sey / den gekreuzigten Christum wissen / und mit ihm gekreuzigt zu werden Lust haben.

Warumb wilt du lieber viel / als was nützlichs wissen? Angesehen zu seyn? So bistu wol ein eitler Thor / daß du in eines andern Munde / in einem Paar Backen voll windes / wie S. Bernhard redet / dein Vergnügen suchst. Bücher zu schreiben? Ich lob es / so du gewiß bist / daß sie dem Leser zu Nutzen können gedeyen. Hüte dich aber / daß du nicht irgend jemand ärgerst / durch spitzfindiges Satyrisiren / und Narrische Possen. Sonst wäre dir ein Mühlstein am Halse besser / weder die Feder in der Hand.

Wiede

[illegible] und [illegible]
[illegible] Schreiben/ [illegible]
[illegible] Ehrgeitz
[illegible] Hadrian
[illegible] in ihre Bekenntnis und
[illegible] lichen mahlen/
[illegible] Schreibsücht=
[illegible] Papier=Kranck ge-
[illegible]

[illegible] wichtig seyn / daß unsre Ma-
[illegible] angeschrieben; da man
[illegible] pedisch du ge-
[illegible] dargelebet.

XXXIII.

[illegible]

W [illegible] ve-ra-
[illegible] au
[illegible]
[illegible]
[illegible]
[illegible]
[illegible]
[illegible]

Es

Es seind tausenterley Fälle und Versuchungen / die draussen auff uns lauren / denen unsre Vorsichtigkeit am besten mit Christlichem Gebet und Vorsatz wird vorbeugen.

Ein grosses Glück ists / daß einer so Christlich wiederheim kehrt / als er ausgegangen: Denn die Welt und der Teuffel legen auff allen Wegen und Stegen unserer Seelen ihre Netz und Stricken / lauren auff sie / wie ein Araber in der Wüsten. Die Augen werden gehetzt mit einem schnöden Anblick leicht er eitler Dinge / die Ohren durch ein liederliches Geschwätz / der Mund oder die Zunge durch Zorn zum fluchen / afterreden / hadern / Zancken / und dergleichen. Daß es also gehet / nach eines frommen Mannes Ausspruch: Sine læsione conscientiæ rarò redimus ad silentium (Thomas de Imitatione lib. 1. cap. 10.) Wir kehren zu unserer Stilligkeit und Ruhe selten wieder / ohne Verletzung deß Gewissens.

Was Rahts dann nun? Nim zweene

F ne

ne Gefährten mit: Erstlich einen guten Beruff (Gewerb oder Ampt) zum andern / Christum den Gekreuzigten. JESUM Christum super cor tuum sicut signaculum pone. Cum enim Christus ostium custodit, & est cordis ostiarius, ut per illum ingrediantur & egrediantur omnes familiæ cordis, consequenter adsunt millia millium Angelorum, ad fores exteriorum sensuum excubantium: Nec audet alienigena irrumpere terribiles illas acies, propter ostiarii reverentiam, & Angelorum custodiam. (Bernhardus de præmio Patr. cœlest. cap. 4.) Das ist: „Setz JESUM Christum auff dein „Hertz wie ein Siegel. Dann wann „Christus deines Hertzens Thürhüter „ist / also daß durch ihn alles Gesind „deß Gemüths aus- und eingehet; so „stehen auch viel Millionen Engel / und „bewachen die Pforten deiner äusserli„chen Sinnen. Alsdann darff kein „Frembder durch dieses schreckliche „Heerläger / aus Forcht vor dem an-

sehen.

„sehnlichen Thür-Hüter/ und solcher
„Englischen Wacht/ hinein dringen.
Lässest du einen dieser Gefährten von dir / so weicht auch der ander. Und heists alsdann: Quem Deus deserit, diabolus arripit. (Idem cap 39.) Welchen Gott läst/ den erwischt der Teufel.

Lied.

In der Melodey,
Ach GOtt und HErr
Wie groß und schwer/ rc.

1.

O HERR gib acht!
In unsrer Macht
Steht nicht/ wohin wir gehen:
Darum gib du
Dein Wort mir zu/
Mir treulich bey zu stehen.

2.

Wo du nicht bist/
Ist Satans List
Uns Menschen überlegen:
Drum sey bey mir
O meine Zier
Auff allen meinen Wegen.

3.

Drey Feinde sind
Die mich geschwind

In Unfall mögen stürtzen/
Mir alles Glück
Im Augenblick/
Ja gar das Leben kürtzen.

4.

Die eitle Welt
Zeigt Gut und Geld
Sampt Würd' und schnöden Lüsten/
Sie blösset sich/
Zu säugen mich
Mit ihren Drachen-Brüsten.

5.

Der Teuffel lacht
Dazu/ und wacht
Mit Fleiß auff mein Verderben/
Sucht Fug und Orth
Bald hie bald dort
Zu unsrem ewgen Sterben.

6.

Mein Fleisch und Blut
Stärckt ihm den Muth/
Weckt Auffruhr/ Streit und kämpffen
In mir. Wie soll
Ich Schwacher woll
So starcke Feinde dämpffen?

7.

Durch dich HErr Christ/
Der du uns bist
Zu einem Sieg gegeben/
Durch dich will ich
Gantz ritterlich
Dem Argen widerstreben.

8. Herr

HERR lägre dich
Beständiglich
Um Augen Mund und Ohren/
Daß nicht die Welt/
Wie ihrs gefällt/
Schleich' ein zu deinen Thoren.

9.

Dich setz' ich mir
Zum Hüter hier
Der Sinnen und Gedancken.
Schlag du dich drein
Mit deiner Pein/
Wenn Leib und Seele zancken.

10.

Dein' Angst und Noth/
Dein Creutz und Tod
Laß mich behend' ergreiffen/
Und in der Brust
Die böse Lust
An dir/ mein Felß/ zerschleiffen.

11.

Geh aus und ein
O Lebens-Schein
Mit mir: und laß mich wallen
So wie dein Geist
Uns unterweist/
Nach deinem wollgefallen.

12.

So soll mein Mund
Und rechter Grund

Hertzens dich erheben
dler Horth/
e / und dort
nem Freuden-Leben.

XXXIII.

An den Tisch.

Nichts ist auff dem Tisch / welches GOtt nicht aus der Erden / Lufft und ser/ zur Nahrung deines Leibes/ or bringe. Bedenck welch was sawr rbeit/ in welchem Schweiß deß esichts/ der Acker gepflüget/ getung gesäet / abgeschnitten / auffgebun eingeführet/ gedroschen/ gemahlet eet und gebacken sey: Alles zu der Notturfft.

Was Müh erforderts nicht/ ein auffzuziehen! dessen Fleisch und o wolfeil auff der Tafel stehe/ dem aber von vielen nicht als Men- / mit Dancksagung genossen/ ern wie von frässigen Wölffen/ ohz och verschlungen wird.

Wie

Wie manchen Zug thut der Fischer umbsonst! Wie vielmal wirfft er den Angel/ eh ein Fischlein anbeist!

S. Bernhard spricht/ du sollest betrachten / mit was kostbaren weiten Reisen / und vieler Gefahr/ der Stockfisch in der See gefangen/ eingekaufft/ verführt/ gedorret/ geklopffet/ erweicht und gekocht sey/ alles dir durch Göttliche milde verleyhung zum besten: Per singulas igitur Buccellas age gratias spricht er; bey jedem Mundvoll laß dein Hertz Gott dancken.

Deßgleichen hat der Allerhöchste den Gärsten nit darumb reiffen / den Weinberg nicht darumb bauen / pflantzen/ schneiden und blüen lassen / daß du an der Tafel dich daran zu einer Sau trincken / warauß ein unordenlich Leben folget/ sondern deinen Durst leschen/ das Gemüth mässig erfröligen / GOtt vor solches edles Getränck preisen/ und schmecken sollest wie / freundlich der HErr sey. Der Prophet schreyet das Weh über die/ so biß in die Nacht sitzen

aß Sie der Wein erhitze / und Helden
ind / Wein zu sauffen.

Solcher Helden einer zersoff sich in
iner berühmten Reichs-Stadt an der
Tafel dergestalt / biß er darüber das
eil... Weh deß Todes überkam; und
der Weiß / ist er dem ewigen entrun-
nen?

Der Apostel hat vor dergleichen Gesellen für der Himmel-Thür einen ge-
waltig starcken Riegel geschoben / wañ
er drohet / daß kein Trunckenbold ins
Himmelreich komme. Man wird
dort nicht ansehen / ob du Herr oder
Knecht / Edelman oder Baur / Fürst
oder Unterthan seyst: sondern je höher
du bist / je gewaltiger du wirst gestrafft
werden.

GOtt will zwar auch etliche unter
den Fetten holen / aber nicht die / welche
fressen und sauffen / sondern die / so da
essen und anbeten / wie der 22. Psalm
redt.

Er läst offt wegen solcher Wein-
schläuch durch einen Mißwachs gantze Länder hungern und dursten.

Zuge-

Zugeschweigen / daß nirgends blutiger Anschläg / als beim tollen Wein concipirt und verfast werden. Alexander hat nie so viel Ruhms durch seinen Degen überkommen / weder durch übermässigen Wein verloren. Nüchtern siegt und schonete er der Feinde; Voll erstach er seine Freunde / brandte / hurete / und soff sich zu Tod an dem poculo Herculis, welches ein grosser Hoffbecher war.

Wolan so soltu zu dem Ende essen und trincken / daß du leben mögest; nicht darum leben / daß du nur issest und trinckest; denn solche Leut sind Sues Pliniani, quibus anima pro sale est, wie ein gelehrter Mann redet: deß Plinii Säu / derer Leben nur ein blosses Saltz ist / die feisten Leiber vor der Fäulung zu erhalten.

XXXIV.

Vom Tisch.

WEnn du von der Tafel auffstehst / und den Magen mit Speisen /

 das

as Gemüthe mit Tugendhafften Gespräch begnügt hast / so vergiß ja nicht nicht allein mit Worten / sondern auch dem Hertzen zu dancken dem / der dich gesättigt hat / und umbsonst ernehret. Denn was kanst du vor eine Mahlzeit geben / welches dir nicht umbsonst von GOtt empfangen hast. Freundlicher Danck / ist eine Reitzung zu ferneren Wolthaten.

Laß dir ja auch jene zwölff Körbe / die der Segen deß HErren übergelassen / eine Regul der Sparsamkeit seyn / damit du nicht am Wercketag darbest / wann du am Sonntag geprasset.

Lied nach dem Essen.

In der Melodey.

Nun last uns GOtt den HErren / rc.

1.

MEin Schöpffer sey gepreiset /
Der mich jetzt hat gespeiset /
Mir Unterhalt gegeben /
Ja gar darzu das Leben.

2.

Durch Wen bin ich ernehret?
Durch dich / der auch bescheret

Das

Das Brod den jungen Raben /
Die keine Zufuhr haben.

3.

Dein / HErr / ist das Getreide /
Womit ich mich stets weide:
Die Reben / so uns laben /
Sind deiner Gnaden Gaben.

4.

Hab' ich mich überladen?
So laß es doch nicht schaden
Der Seelen / die man pressen
Nicht soll mit überfressen.

5.

Hingegen laß vernünfftig
Und mässig / was du künfftig
Bescherest / mich geniessen /
Und dich mit Danck begrüssen.

6.

HErr speiß auch unsre Seele
Mit deinem Wort / dem Oele
Der Freuden: Laß nicht darben
Den Geist ohn deine Garben.

7.

Erfreu doch unsren Glauben
Mit deiner Wunden Trauben /
Den Schrecken zu verjagen
Der Sünden / die uns plagen.

8.

Damit wir nicht zur Lincken
Dir stehn / besondern trincken
Bey dir mit deinen Knechten
Den Weinstock der Gerechten.

An deinem Tisch / der Leben /
Der ewigs Heil wird geben
Zu essen / und uns weiden
Mit deiner Augen Freuden.

XXXV.

Zu Bette.

DEr Schlaff ist deß Todes Blutsfreund / nach deß Poeten Ausspruch. Wer demnach klug ist / legt sich ins Bette nicht anders / dann in sein Grab. Bilde dir ein / diß sey die letzte Nacht / darinn du möchtest abgefordert werden.

Such und erforsche dein Werck / so du deß Tages verübt. Teipsum interroga; quia tu tibi familiariùs credes. (Bernhardus Epist. 114.) Frag dich selbsten bey dir selber drum; den deinem eigenen Wissen und Gewissen kanstu am vertraulichsten glauben.

Befindest du / daß du etwas gutes verrichtet / so schreibs nicht dir / sondern GOTT zu: damit der Teuffel die Waffen deiner Ritterschafft dir nicht aus den Händen reisse und wieder dich brauche. Serpens iste astutissimus innumerabiles & subtilissimos laqueos nobis obtendit, ut quos à bonis Operibus non potest avertere, de bonis saltem faciat operibus gloriari. (Bernhardus de Passione Domini cap. 32.) Die listige Höllische Schlange stellet uns unzehlig viel subtiler Netze / also daß welche Sie von guten Wercken nicht kan abwendig / solche darüber ruhmredig machen möge.

Im wiedrigen aber rechne den Tag / mit jenem Römischen Käiser / vor verloren / daran du niemand was gutes erzeiget. Jede Woche / jeder Tag / jede Stunde ist ein Talent / von Gott dir anvertrauet. So nun aber GOtt die Faulentzer / welche nichts gewuchert / straffen will / was wird denen begegnen / die alles verschwendet / nicht allein kein

F vij gutes

gutes / sondern viel böses dergleichen gethan?

Wann dergestalt dein Gewissen dir alles registrirt / so bitte GOtt herzlich umb Verzeihung deiner Nachlässigkeit und Boßheit halber ; Nim dir auch fleiß für / bevor du dich legst / deß andern Tags dich besser zu erzeigen : Befehl damit Leib und Seel dem / der sie geschaffen und erlöset / und schlaff mit einem oder andern guten Gedancken ein auff seinen Nahmen ; auff daß / wann ja der Todt käme / du an seinem Tage erwachest nach seinem Bilde.

Abend-Lied.

In der Melodey:

Christus der uns selig macht.

1.

CHriste bleib mit deinem Schein /
Bleib doch unverdrossen /
Denn der Abend bricht herein /
Daß sie nicht verstossen.

Mög

Mög' im Schatten dieser Welt
Unser Geist und Seele/
Die der Leib gefangen hält/
Hie in seiner Höle.

2.

Bleib! die Nacht ist niemands Freund/
Noth/ Gefahr und Schrecken.
Kan im Augenblick der Feind
Uns allhie erwecken/
Wenn daß unsre Hertzen nicht/
Leuchte zu dem Leben/
Sehen deines Glantzes Licht/
Und sich dir ergeben.

3.

O du treuster Hüter bleib/
Schirme vor Verderben
Unsre Seel' und unsren Leib:
Laß kein schnelles Sterben/
Noch sonst einge böse Sach'
Uns mit Thränen netzen;
Sondern deiner Engel Wach'
Unser Hauß besetzen.

4.

Aber solte HErr dein Will
Uber uns gebieten;
Wol! dir muß man halten still/
Laß dich nur begüten/
Und vorher vertragen seyn
Was wir heut verbrochen/
Durch der tieffen Wunden Pein/
Welche dir gestochen.

5. Uns

Und alsdenn nim gnädig hin
Was du hast erschaffen
Und erlöst / Leib / Geist und Sinn.
Wenn ich ausgeschlaffen /
Hie und dort / wie dirs gefällt /
Soll mein Mund dir singen /
Dreymal heilger Lebens-Held /
Und dein Lob erklingen.

Ein anders.

In der Melodey.
Ach GOtt vom Himmel sieh darein / etc.

I.

DU aller müden Trost und Ruh /
Du schickst uns Christe wieder
Die Nacht / der Arbeit Anstand / zu /
Zur Labung unsrer Glieder:
Dein gnädiges verleihen schafft
Uns gegen Morgen neue Krafft
Zu unsren Ampts Geschäfften.

2.

Nim an in Gnaden / was wir dir
Vor Danck und Ehr erweisen:
Mit Mund und Seele wollen wir
Die grosse Treue preisen /
So uns vor Satans Tyranney
Beschirmt hat / und vor allerley /
Daß uns heut mögen schaden.

3. Ver-

3.

Vergib die Sünd'/ und alles was
Verdient hat Zorn und Plagen:
Gedenck doch/ daß wir Staub und Graß:
Wilt du den Schatten schlagen?
Erhole dich an unser Cron/
An deinem eingebornen Sohn/
Der unsre Schulden zahlet.

4.

Beschütz auch folgends auff die Nacht
HErr unser gantzes Leben.
Denn wo dein Aug' uns nicht bewacht
Wenn uns die Nacht umgeben/
So kan gar bald Gefahr und Tod/
Brand/ Diebstall/ auch der Seelen Noth
In unsre Cammer brechen.

5.

Gib daß wir nimmer mögen seyn
Zufinden ohne Glauben.
Die Nacht mag zwar den Tages-schein/
Doch nie dein Licht uns rauben.
Laß ja sich feuchten unsre Seel
Ohn unterlaß mit deinem Oel/
Daß wir dich nicht verschlaffen.

XXXVI.

Aus dem Bette

Beim Cornelio Tacito sagt der schädliche Hoff-Fuchs Sejanus/ er habe sein

Ver-

Verlangen niemahls ehe zu den Göttern / als vor seines Prinzen Ohren getragen.

Solcher Leut ist leider anjetzt die Welt voll; Haben sie gleich nicht einen Käyser Tyberium zum Abgott / welchen sie in der Anbetung dem wahren lebendigen Gott vorziehen / so sinds doch allerhand eitle Welt-Geschäffte / daran sie Morgends / so bald sie auffgestanden / ehe dann an den Morgensegen gedencken, Ach Gott! Wie offt singen wir Aus meines Hertzen Grunde / da doch das Hertz leider noch schläfft / oder im Wucher vergraben liegt!

Wer Christum angehört / befleissige sich / alsbald er auffgewachet / mit niemand eh noch lieber / dann mit Christo zu reden: Denn er ist der Nechste und beste Freund / näher den Vater oder Mutter / welche nur seine uns zugeordnete Pfleger und Ammen seyn.

Sein Lob und Preiß ist je früher je besser. Frühe will David auffwachen und Ihm dancken: Frühe loben Ihn alle Creaturen / sonderlich das lieblich

singen.

singende Waldvögel; Frühe preisen Ihn die Morgensterne / und jauchtzen um Ihn alle Kinder Gottes. Frühe und vor Tag ist der HErr erstanden; Frühe eileten die heilige Frauen zu seinem Grabe: Frühe will Ihn der Honigsüsse Lehrer S. Bernhard suchen / wann Er also singt in seinem Jubel-Lied:

Cum Maria diluculo
JESUM quæram in tumulo
Clamore cordis quærulo;
Mente quæram, non oculo.

Ich suche mit Marien früh
Ihn JESUM / meiner Seufzer Müh /
Eil' an sein Grab; doch such' ich nicht
Durch Augen / sondern Hertzens-Licht.

Frühe und schier zu Mitternacht stund die erste Kirche auff / und dienete Ihm. Dannenhero (nach deß gelehrten Vossii Meinung / in seinem Commentario, über deß Plinii Secundi Sendschreiben von den Christen) zu erst die Liechter in der Kirchen auffgekommen; wiewol von andern andere Ursachen gegeben werden.

Frühe

Frühe stehe du demnach auch auff/ und kehr dich am ersten zu Gott / so wird Er allen Seegen und Wollfahrt/ ja sich selbsten wieder zu dir kehren/ und dir den Tag über alles lassen woll von statten gehen.

Hat dir was getraumt / daraus solt du keinen Glaubens-Articul oder Regul machen/ nicht ins Traum-Buch/ sondern in die zehen Gebot GOTTes schauen. Durch Träume sind viel hinters Licht geführt und betrogen.

Nero verließ sich auff eines andern güldenen Traum / dem von einem gewissen Ort / wo ein grosser Schatz verborgen wäre/ getraumet ; spendirte und verprasste alles Geld gegen viel Glücks-wündschungen seiner Schmeichler/ wegen künfftigen Reichthums ; sandte mit grossen Kosten Arbeitsleut und Maulthier sampt andern Sachen aus; Bekam aber nichts anders zum Gewinn / als die Offenbarung seiner thörichten Leichtglaubigkeit / und muste sich vor jedermann dessen schämen. Der Träumer brachte aus Forcht der

Straffe

Straffe sich selbst ums Leben; Wie solches beim Cornel. Tacito zu lesen.

Jedoch kanstu dir einen mercklichen Traum wol eine Warnung oder Erinnerung seyn lassen / dein Leben Christlicher und behutsamer anzustellen: Jmmassen zu solchem Ende sie zu weilen von GOTT kommen. Als da Käyser Mauritius im Traum vom HErren Christo zur Buß und Gedult der bevorstehenden Straff / auffgemuntert ward mit dieser Frage / Ob er lieber Jhn / den HErren Christum / oder durch seinen Knecht Phocam das Leben / verlieren wolte?

Ein Jüngling lag in einem Wirts-Hauß / und brachte einsmahls die Nacht in solchem Wesen zu / welches / so es thun / das Reich GOttes nicht ererben werden: War aber kaum darnach eingeschlaffen / als ihm im Traum vorkam / wie die böse Geister in einem Kreyß stehend / sich untereinander befragten / mit diesen Worten: Wer hat den doch verführt? Worauff einer einen Brieff zeigte / daraus er den andern

ern verlaß / wie er's gemacht / und diesen Jüngling in Sünden gestärcket hette. Hierüber erwachte er gählings mit Schrecken / schlug in sich / und fing an ein Christliches Leben zu führen.

Zu Basel traumte einem Buchtrucker / daß ihm vom Haupt eine Schlag-Ahr auff die Brust fiele. Welchen Traum er wol in acht nam / und als ihn folgenden Tags der Schlag rührte / mit diesen Worten; Wie ist die Güte deß HERREN so groß! den Geist auffgab.

Morgen-Lied.

In der Melodey.

Werde munter mein Gemüte.

1.

LAst uns früh dem Herren singen /
Spielt ihm einen Lobgesang!
Last uns seinen Ohren bringen
Einen reinen Hertzens-klang:
Daß er uns in dieser Nacht
So getreulich hat bewacht /
Uns nun wiederum mit Wonne
Sehen lassen seine Sonne.

2. O du

2.

O du Sonne der Gerechten/
O HErr Jesu sey gepreist/
Welcher sich uns seinen Knechten
Nächt- und Täglich treu erweist!
Sey gelobt darum / daß du
Hast erquickt mit sanffter Ruh
Unsre Glieder/ und aus Gnaden
Abgewendet allen Schaden.

3.

Laß auch unsre Seel' erwachen
HErr aus ihrer Sünden-Hafft:
Sey doch mächtig in uns Schwachen/
Und verleih durch deine Krafft/
Weil du Laster-Nächte nicht
Liebest/ sondern Tag und Licht/
Daß wir wie am Tage wandlen/
Und nach deinem Willen handlen.

4.

Sprich zu unsrem Thun den Segen/
Und laß deines Wortes Schein
Diesen Tag auff allen Wegen
Unsrer Füssen Leuchte seyn:
Daß wir gehn auff deiner Fahrt
Vor der Höllen-Weg bewahrt/
Und in Wercken deiner Liebe
Unser Hertz und Hand sich übe.

5.

Wircke mit bey unsren Wercken/
Tröste deiner Kinder Schweiß:
Unterlaß ja nicht zu stärcken
Unsre Hand zu deinem Preiß:

Richt

auff / wenn dort und hie
t unser schwaches Knie:
jeben / hilff du tragen
ier Noth verzagen.

6.

h alles / was wir haben /
h deiner Güte Krafft /
Kind / sampt andren Gaben /
Segen uns geschafft.
/ was mit Blut
indet oder Muth.
n deinem Namen /
r JESU / Amen!

ENDE.